THE ULTIMATE PREDICTION

2028年までの黄金の投資戦略

「超株高かつ超円高」が示現する世界

若林栄四

日本実業出版社

◉まえがき

本書においては、これから近未来に到来するいくつかの現象について、それらがいずれも人為に支配されての現象ではなく、おおむね宇宙のルールである黄金律の時間に支配されて起こることを、縷々説明していくことにする。

細かい背景の解説は後段に譲ることとして、結論をまず申し上げると、日本経済は33年にわたるデフレの呻吟を脱して、新しい繁栄の時代に入っているということである。

ここで大事なのは、日本政府のどうした政策が功を奏したのかといった議論は無駄だということである。アベ・クロの政策がこれから始まる日本の繁栄の礎になったわけではない。

ひたすら33年という時間の経過（英語で言うとone generation、ほぼ30年）がもたらした僥倖なのである。

そこでは、30年にわたる日本国民というマスの辛苦の総和がついに限界に達し、新しい夜明けを招来すると考えるべきである。日本という国家のすべての生業が、複雑なもつれ合いを脱して、政府、民間、家計が整合的に前進する形が整ったということだろう。そもそも、この複雑な絡み合いを、一人の首相、あるいは政府機関が人為で解きほぐすことなどできるわけはない。

別の表現をすれば、いかに首相が無能でも、役所がダメでも、国民全体の能力が国際的基準でみて劣化しても、国が良くなるときは良くなるのである。日本という国の運命が好転するということは、その構成員の個々のパーフォマンスとは別の、日本国なるものの下げ相場が底打ちし、上昇に転じるということなのである。

現象的にみて日本国の底打ち上昇が明らかなのは、NYタイムズでの日本に対する記事が増えつつあることで証明できるだろう。

それらの記事の良い悪いは別として、ここ20〜30年まったくお呼びでなかった日本が、少なくとも米国メディアの牙城に軌跡を残すことが多くなったのである。日本株の上昇、円安の進行、福島原発排水問題、日米韓の安全保障ネットワーク、大谷翔平の活躍…などである。

話は変わるが、この世の中にエコノミストという職能集団が存在する。この人たちは、最も低劣な社会科学である経済学なるものを駆使して、一国の経済政策を律しようとする。アベ・クロ コンビによる経済政策など話にならないとして、ぼろくそに批判してきた連中である。そういう人たちはかねてからの因縁で、いまから始まる日本経済の繁栄を認めたくないのは当然である。

日本銀行による市場からの株式購入などは、中央銀行の禁じ手として非難囂々であった。株価が下落すれば、日銀のバランスシートが棄損されて、通貨円に対する信認が低下するというものである（筆者も一時その論法の信奉者であったが、相場は経済学ではないとの信念から、論法を放棄している）。

ところが、日本経済あるいは株式相場が新時代に入り始めると、日銀の禁じ手は結果オーライになるのである。

米国でもいろんなエコノミストやジャーナリストがいて、とくにアンチ・トランプの連中などは、トランプのやったことはすべて悪で、まったく、政治、経済に寄与していないと決め付ける。

もちろん、史上最悪の嘘つき、悪人大統領がやったことを全否定したいのはやまやまだが、そのトランプでもなかには良いこともやっている。たとえばＮＡＴＯ各国に軍事費の増額を要求したことなど、ウクライナ戦争を先読みしていたともいえる。とはいえ、頭が悪いうえに下品で嘘つきのトランプは、当然の結果として91カウントの罪状で告発されており、まず間違いなく監獄に収容される最初の大統領となるだろう。そういう意味でアメリカもそれなりに良いところはある。

それはさておき、日本経済の躍進はどの個人がクレジットをとるのでもなく、国民の辛苦の総和が限界を超えたところに、新世界が開けたということになる。

33年の逆境を克服した日本国は、始まった躍進が容易なことで中断することはなく、数十年単位で第2のゴールデンＥＲＡ（時代）を形成することになりそうだ。

昨今の円安について、日本経済の財政依存が過大で、それが円安を呼んでおり、この問題を解決しない限り、半永久的に円安が続くなどとんでもない言説を弄する人もいる。

こういう人はきっと経済学部出身で、役に立たない経済学を勉強してきた人だろう。

バブル破裂というとてつもない惨禍に見舞われた日本国が、その国民は何とかやりくりしながらも、それほどひどい目に遭わず、生きながらえてきたのは、当然、財政資金による巨大な支援のたまものである。

１２００兆円に上る政府債務残高（うち半分は日銀保有の国債）を過大だという人の顔が見たい。

バブルの惨禍のなかでも、営々と築いた個人金融資産は２０００兆円に達し、民間企業部門も１３００兆円の金融資産を抱えている。

これは債務、資産の偏在ではあっても過大な債務ではないのである。

そうやって財政が日本の国を持たせてきたあいだに民間部門は巨大な資産を積み上げている。

ここで国がデフレ脱却、インフレ時代に入れば1200兆円の債務は対名目GDP比で相対的に目減りする。また税収は名目GDPの関数なので、税収の自然増収が見込まれる。

ここで我々は過去33年間の財政のエンジンに感謝をし、ここからは民間経済の巨大なエンジンで政府債務を相対的に減少させる方向に走るはずである。これは誰かがそうするのではなく、世の中の仕組みとして、財政から民間にエンジンが移ることになるのである。

植田日銀総裁は1200兆円の政府債務を気にすることなく、インフレ時代にふさわしい金利水準に移行するべきである。なぜならば、そこには巨大な民間貯蓄が眠っているからである。この3000兆円にも達する資金に仮に5％の金利が付けば、年間、何百兆円ものマネーが拡大再生産されることになる。

そのマネーの拡大再生産を主導するものは、日本の株式相場の急騰であろう。33年間ひたすら我慢し続けた株式市場が、守りから攻めに入るのである。

日本の株式市場の将来については本文で詳説するが、とりあえず2030年までに日経平均が少なくとも5万～6万円を目指すものと思われる。詳しく計算すると4万8000

〜5万3000円が普通に達成できる。本当に相場が噴けば6万8450円となるが、それはいまの2倍の水準である。1980年代のバブル形成時は1982年から1989年末までで株価は5・7倍の上昇を記録している。さすがに5倍の上昇は過大で、バブル破裂で33年間の苦吟をもたらした。一方、これから7年間で2倍程度はバブル天井ではない。調整があってもマイナーである。

そうしたなかで米国の状況はどうなるのだろうか。

米国の経済、マーケットを理解するためには、FRBという中央銀行とその政策を振り返ってみる必要がある。

ここでは、日本を支配したバブル破裂事件ではなく、これからのバブル破裂の道筋をどうみるかということである。

基本的に考えることは、資産インフレが破裂した後に、実物インフレがやってくるという不自然さである。資産インフレが破裂した後はカネとモノの関係が逆転し、デフレが到来するのが一般的である。

米国株が資産インフレを経験し、それが破裂したのは明らかである。

たとえばS&P500を例にとると、1982年8月の起点101から2022年1月

4日の天井4818まで39年5カ月の大ラリーを経験し、とくに最後のラリーは2020年3月のコロナ・ボトム2191から1年9カ月で220％の上昇という最後の大噴火をみている。

これらの事件の背景には、実は密接にFRBの存在が絡んでいる。

FRBの設立は1913年12月であり、2022年1月の株価天井S＆P500の4818（NYダウは3万6952ドル）はちょうど108年目に示現している。

108という数字は黄金律ではペンタゴンの内角108度に対応しており、内角の総和540度に対応する54度の2倍でもある。

つまり今回の株価天井事件はFRB創設108年という黄金律そのもののタイミングで起こったものなのである。当然、いままでは失敗しながらも何とか重大事にならないでごまかしてきたが、この黄金律日柄108年からの事件はそうはいかない。突如として起こったインフレ、並びに急速な金利上げはこの108年目を期して、FRBが大きな危機に陥る前兆である。

もう一つ、第二次世界大戦後の国際金融体制の節目となった1968年3月の米ドル紙切れ化事件（ドル売り金買いの圧力で米国は1オンス35ドルの金価格を維持不可能になり、それまでドル札の発行には金の裏付けが必要であった連邦準備法を改定、金の裏付けなしに米ドルを印刷することが可能になった。ゴールドの二重価格制ともいわれている）が、その後の国際金融の大きな出来事を規定するタイミングの起点となっている。

ＦＲＢは１９１３年末の創設からの１０８年目に米国株価の天井をみた。それは１９６８年３月の米ドル紙切れ化からの54年目の節目のタイミングでもあった。

これをジャーナリスティックに表現すると、「ＦＲＢ創設から１０８年目に株価が大天井を付けた。これはＦＲＢがドル札の発行に主体的にかかわり始めた（すなわち政府保有の金残高に影響されることなく、ＦＲＢの判断でドルを印刷することができるようになった）１９６８年３月からの54年目でもある。まさにこれらの黄金律に規定されたタイミングで起こった株価の高値が、大きなドラマを呼ばずにはいられない」ということだろう。

その大きなドラマは２０２２年初めから10月までの10カ月間でみた27・５％のＳ＆Ｐ５００下落で満足できるようなマイナーな出来事ではないのである。

１９６８年から始まったＦＲＢのドル印刷政策の総決算を迫るタイミングで出た株価天井である。

数々の過ちを犯してきたＦＲＢが、過去54年間連綿として続けてきたエコノミスト支配の金融政策のつけを払わせられる、マグニチュード９の地震並みの出来事になるのである。

そのマグニチュード9の地震とは何かといえば、1世紀に一度起こる米国の恐慌の到来ではないかと思われる。

まえがきであまり細かいことに触れるのはスマートではないが、一つだけ不気味なチャート（**図表0－1**）をお目にかける。

これは、米国のマネーサプライ（M2）のグラフであるが、1960年代から一貫して増加しているM2が2022年から明らかな減少に転じていることである。経済の潤滑油であるマネーの量が減少していることは、重大なインプリケーション（含意）を示唆している。マネーの異常な動きは、今回の米国の状況はソフトランディングを期待するのは無理であることを明らかに示す兆候である。

この2022年という日柄が不気味である。それは1968年3月、ゴールドクライシスに際して、米国は米ドル発行に際して一定の金残高を原則づけていた連邦準備法を改定し、金の裏付けなくしてドルを発行できることになったという歴史的出来事からの黄金律54年のタイミングであるからだ。

このチャートで明らかなように、これまで一度も減少したことのないM2が1兆ドルも減少したのである。

この金の裏付けなしでのドル札発行を、筆者はドルの紙切れ化と呼んでいる。FRBが

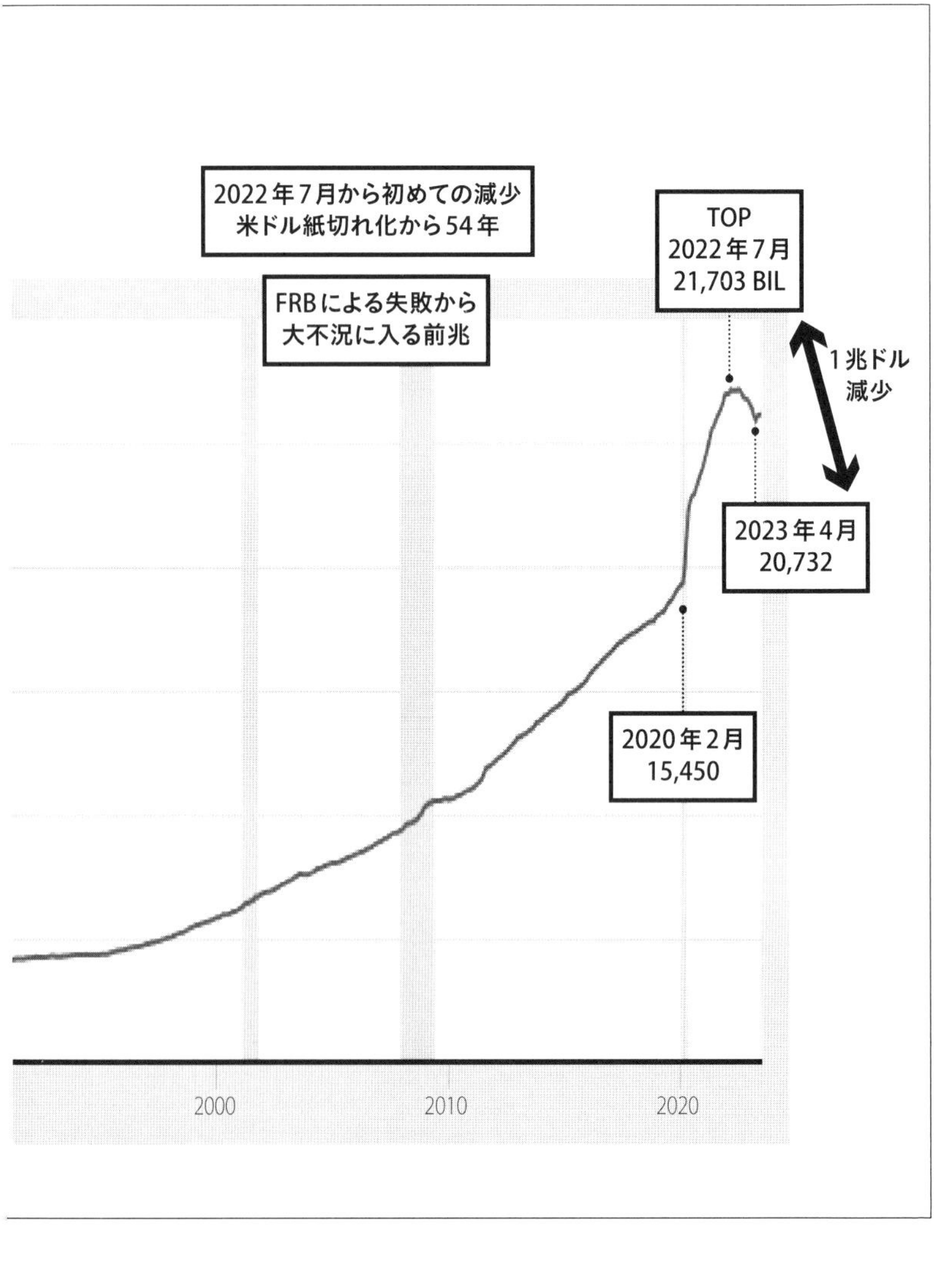
2022年7月から初めての減少
米ドル紙切れ化から54年
FRBによる失敗から
大不況に入る前兆
TOP
2022年7月
21,703 BIL
1兆ドル
減少
2023年4月
20,732
2020年2月
15,450
2000
2010
2020

図表0-1　米M2［MONEY SUPPLY］（2023年9月現在）

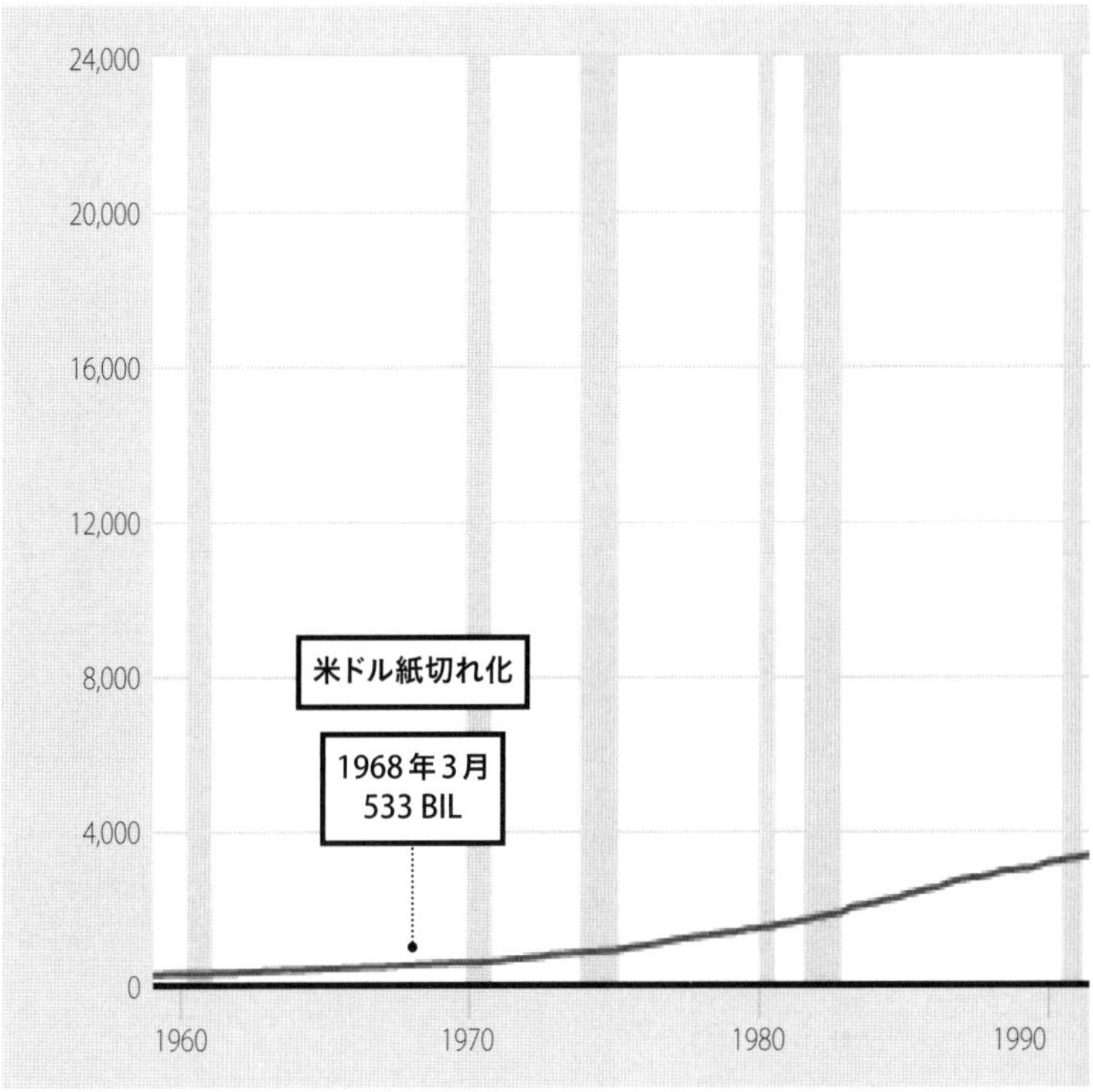

恣意的にドルの発行を開始してから54年目、過去の金融政策の集積であるM２が減少を始めたのは、ＦＲＢによる積年のミスコンダクトの結果ではないかというのが筆者のみるところである。すなわちドル印刷で招いた繁栄が行き過ぎて、破裂する恐慌の到来の前兆ではないかと思われるのである。

恐慌は、誰もが信じる明るい未来を先取りした株価の爆騰の反作用として起きるもので、１８７０年代の恐慌は鉄道事業の盛行、１９３０年代の米国大恐慌は自動車産業の将来性に明るい未来をみた市場による行き過ぎの反動である。

21世紀の恐慌は、もちろん新しいＩＴ関連の未来を過大に評価した株価暴騰の反動が引き金になる。アップルの時価総額が一時３兆ドルに達したことなどは危険な兆候だろう。直近は新しいＡＩの未来の売り込みに市場は懸命だが、所詮二番煎じである。

さて、米国の金融の現状をあらためて注視すると、とてつもなくタイトな状況を強いられていることがわかる。

短期金利が５％以上に上がっただけではなく、全体のマネーサプライ、Ｍ２が著しく減っているからだ。要は、マネー自体がなくなってきているのだ。

そうした米国金融の現状を無視して、これまでは株価のみが上昇してきた。

そんななか、FRBは毎月債券を売ってはマネーを吸い上げてきた。

また、2023年3月の取り付けショック以降、中小銀行の預金流出に歯止めが掛かっていない。8月半ば、格付け機関のフィッチ・レーティングスは、「近いうちにJPモルガン・チェースを含む米銀70行超の格付け引き下げが行なわれるだろう」との警告を発した。長引く金利高により、銀行の資金調達コストが上昇、収益ダウンを懸念しているのだ。巷の予想以上に、米国の金融界全体の基礎体力が脆弱化していることが窺える。

2023年末から2024年初にかけて、現在の綻びがはっきりした裂け目となって、我々の目の前に露呈されるのではないか。

一方、本書で記すように、日本株は新しいブルマーケットの始まりである。基本的に何十年にわたり株価の上昇、日本経済の見直しが続くだろう。

目先は明治維新から162年目かつ1989年末のバブル大天井からの162四半期（40年半）の日柄となる2030年あたりまでは上昇が続くだろう。

とくに2028年以降、米国景気が底打ちを始めるタイミングでは、日本の株価急騰が見込めそうだ。

２０３０年あたりまでは、日本株はどんどん上昇していく。２０３０年という日柄は、黄金分割そのもので、明治維新後１６２年にあたる。１８６８年から１６２年目の２０３０年に向けて、相場は明治維新を寿いで上げていく。

その後は当然、いくらかの調整場面はあるだろうが、新しく始まったブルマーケットを壊すような場面はないだろう。

すでに米国は出鱈目な経済・金融政策を行なってきたせいで、どうにもならなくなってきている。にもかかわらず、１９６８年からドルを印刷しまくり、いまの経済をつくっていることへの反省は微塵も見られない。それゆえにチャートが予言するように、２０２８年まではドル安、米国株安は回避できないのであろう。

米国株が下落するなかで日本株が上昇することがトレンドとして成立することは、一般常識とはかけ離れた事態である。市場は経験則で動いているので、日本株の上昇と米国株の下落がトレンドとして共存すると考えるのはむずかしいかもしれない。

しかし、日本と米国のそれぞれのマーケットを分析してみると、実はその異常事態が発生するのは不可避であることが判明する。

実際、１９９０年代は米国株上昇、日本株下落がトレンドとして共存したことは周知の事実である。

日本は１９８９年末のバブル天井３万８９５７円から２００３年４月の安値７６０４円まで80％の下落をみる。一方、米国はＮＹダウ１９８７年10月のブラックマンデー安値１７０６ドルから２０００年１月の第１次ＩＴバブル天井１万１７５０ドルまで６・９倍の株価上昇をみたのである。90年代は完全に日米株価が逆方向にクロスした珍しい例である。

こういう状況は、どちらかの国がバブル破裂という特殊現象に見舞われた場合に起こるのである。

これから始まる米国株安、日本株高のトレンドは、まさに米国の株価バブル崩壊が引き起こすわけで、バブルなどどこにも存在しない日本は、デフレから脱却してインフレ時代に入るという、株価にとっては理想的な有利な環境に入っている。

まさに90年代と真逆の現象が起こるのである。

90年代に起こった逆行状況に比べれば、米国株が50～70％落ちるなかで、日本の株価が倍増するなどということは、いままでの日米株価のパーフォマンス格差に比べれば、マイナーな微調整に過ぎない。それでも日本のマーケットに携わる人々は当初この動きに戸惑うだろう。しかし、そのうち「米国株安に連れ安した日本株は買い」という常識がエスタブリッシュすることになろう。

「禍福は糾える縄のごとし」という故事がある。

禍が福になったり、あるいは福が禍の元になったりで、この世の幸不幸は縄をより合わせたようなものであるという意味を成す。

現在に至った日本経済の状況などはまさにそれで、世界の株価や通貨の動静とはまるで関係なく、日本という国のツキの流れが変わってきただけの話なのだ。

これまで三十数年の長きにわたり舐めさせられ続けた辛酸の歳月はどこへやら。ようやくデフレという疫病神が退散してくれたおかげで、本当に久しぶりに手足を思い切り伸ばせる日々が訪れてきた気がする。

そうした実感を伴いながら、デフレや日本経済停滞の犯人捜しも、ここにきて終わりを告げようとしている。

一時期、世の中ではこれまであんなに酷い金融政策を打ち続けてきた日銀の黒田前総裁を許していいのか、糾弾すべきではないかといった論議が巻き起こっていた。ところが、いまとなっては「所詮、人間のすることだものね」と寛容の視点で片付けられようとしている。

黒田氏を許すも許さないもなく、結局、最後には彼はツキに恵まれた。アベノミクスなどという政策が日本経済を立ち直らせたのかといえば、怪しげな言い訳を除き、成果らしきものは何もなかった。

だが、三十数年ぶりに大きく変化した世界経済の波に乗り、ついに日本経済は頭をもたげてきた。

要は、アベ・クロ コンビがどんな政策を講じたとしても、経済が良くなるときは良くなるわけである。

逆に駄目なときには何をしても駄目なのが、「禍福は糾える縄のごとし」の教えで、これからのＦＲＢの姿に投影されてこよう。

どんなに優れた人物がＦＲＢ議長を務めてもうまくいかないし、むろん、いまのパウエル氏ではとうてい歯が立たない。やることなすことテレコテレコ（関西弁）で事態の後追いに追われるだけだろう。

本書は内外の現状と相場の深奥を踏まえつつ、今後の日本経済の明るい進路を照らし出している。どうか、最後までお付き合いいただきたい。

２０２３年10月　初秋のＮＹにて

若林栄四

2028年までの黄金の投資戦略◉目次

Contents

第2章

転倒するこれまでの常識

Contents

第3章

インフレ率を警戒しすぎるＦＲＢの危うさ

Contents

第6章

ゴールド恐るべし

ゴールド相場が成立した背景

ドルが増えた分、ゴールドの価値は上がっている

Contents

第7章

相場は黄金分割で決められている

オビ写真撮影／村越将浩
装丁・DTP／村上顕一

プロローグ

THE ULTIMATE PREDICTION

日本と米国が大きな岐路に立つ２０２３年

バブル崩壊後33年目の２０２３年は、日本経済並びに日本の株式市場にリマーカブルな変化を与えた重要な1年であった。

筆者の得意な黄金律の時間の変化でみると、日本の株式市場は１９５０年7月6日の東証再開後の最安値85円からの73年の重要日柄で立ち上がってきた。

この73というのは36・5単位から導かれる重要時間帯である。１年は３６５日であるというごとく、36・5単位は一つのメジャーな黄金律の単位である。

73年は実に多くの場面で重要な変化をもたらしてきている。

１９１７年のボルシェビキ革命から73年後の１９９０年にはソ連邦は崩壊した。米国20世紀大恐慌の起点１９２９年9月のＮＹ株頂点から、米国の第1次ＩＴバブル破裂の大底の２００２年は73年目と美しい。昨今では１９４９年建国の中華人民共和国が建国73年目の２０２２年終わりごろから明らかにデフレ不況に入り始めている。

政治経済の諸問題が73年の時間を一つの境目として次なる流れに入ることが多い。日本株も73年目の今年から新しい株式新年を迎えたわけだ。

とくに日本が異常な努力をしたわけではないが、ひたすら時間の経過に耐えてデフレを克服したのである。そのデフレ克服の反作用である異常な円安も、当然、今度は循環で壮烈な円高に向かうことになる。おそらく世界の先進国のなかでもトップの成績に飛び出る日本の通貨がいつまでも超円安にとどまっているはずもない。

デフレ克服、インフレ時代の始まりで、円高が国益になることが明らかになるだろう。インフレ圧力を高金利以外の手段で制約するには通貨高が最適だからである。

失敗だらけの日本でも良くなるときは良くなるのである。そうなると円高すら国益に資する大事な手段となり、やることなすことうまくいく時間帯に入ってくるのである。世の中すべて循環なのである。

FRBは存立以来の危機を迎える

2022年の年初に米国株式の天井をみて急落した株価は、その後思いがけず、2023年7〜8月に向けて回復した。このことで株価のソフトランディングのナラティブ（物語）をうたう市場の期待とは反対に、恐怖の株安に向かう米国のデフレ元年の様相を示すだろう。この動きの始まりの2022年は、年初に1968年3月の米ドル紙切れ化からの黄金律54年目を期して株式のバブル天井をみたものである。

FRBが自らの意思でドル札を恣意的に印刷できるようになって54年目、FRBの金融政策の総決算のときが2022年から始まっている。

日本は失敗続きでも国は良くなる。それだけ苦しんだからである。

それに比して米国はこれからFRBの失敗のつけが回って、株の暴落、大不況の到来となることは必至である。

そもそも今回のインフレ騒ぎも嘘くさい。資産バブルが破裂した直後にインフレというのは例がない。今回のインフレは似非インフレというのが筆者の評価である。

その似非インフレに、必要以上に気を取られて、失敗の上塗りをするというコースに入っているだろう。

ちょうど1932年7月に底を付けた大恐慌時の株安から100年（黄金律上では95・5年）の時空を経た2028年の初めには、1世紀に一度はくる恐慌の日柄が重なるようにみえるほどの大不況となるだろう。

1913年12月に設立されたFRBは108年目の2022年から明らかに試練の時に入っている。108年は黄金律の重要日柄である。

いままで失敗をしながらも決定的な悲劇に遭遇しなかったFRBも、今度は存立の危機となる時間帯に入っている。

日本は株高・円高の二重奏

米国は株安・金利安・ドル安の三重奏

これがいまからの5年間の流れである。

第1章

シンクロで到来する
株高、円高

THE ULTIMATE PREDICTION

相場のシンクロ現象

47・75年の大きな節目

1971年ニクソン・ショックでドル円は1ドル360円を放れ、変動相場制に入り、直後の1973年10月には第四次中東戦争によるアラブの石油戦略発動で、3ドルだった原油が3カ月で12ドルまで暴騰したオイルショックと、ごたごたが続いた後のドル戻り高値は1975年12月の306円83銭であった。変動相場、オイルショックの混乱を後にして、やっと常態に戻った相場の戻り高値である。

昔の高値に合わせて、ある一定の日柄で、同じように相場が上昇してくる。

高値から黄金律の日柄を隔てたタイミングでまた高値を打ってくる。

筆者はそうした現象をシンクロと呼んでいる。

そのシンクロ現象を現状に当てはめると、右記の例でいえば、１９７５年12月からの47・７５年（これは黄金律95・５の半分、並びに黄金律３８２の8分の１）の正中点は２０２３年９月ということになる。

なぜこの１９７５年12月の高値が大事なのか。日本が本格的に変動相場制に入ったのは１９７３年２月14日である。ニクソン・ショックの１９７１年８月16日以降、暫定的な相場フロートで、１９７１年12月にはスミソニアン協定で１ドル３０８円の固定相場に復帰したもののマーケットのプレッシャーに耐えきれず本格的に変動制に入ったのは１９７３年２月14日以降である。その直後１９７３年３月に変動相場制最初の安値２５４円95銭をみた後、変動相場制導入後の円最安値がこの１９７５年12月の３０６円83銭なのである。**図表１－１**では、47・７５年という日柄を経て大きく相場がシンクロする様子を示している。

１９７３年３月の安値２５４円95銭からの47・７５年（47年９カ月）は２０２１年１月の安値１０２円58銭にシンクロし、その後当時の１９７５年12月３０６円までのドル上昇を再現させている。それが、現在の状態である。すなわち３０６円83銭からの47・７５年は２０２３年９～10月で日柄が到来、１９７５年12月のドル高値の再現をみているというのが２０２３年９月１４８円台の円安という馬鹿げた現象である。ファンダメンタルズ分析

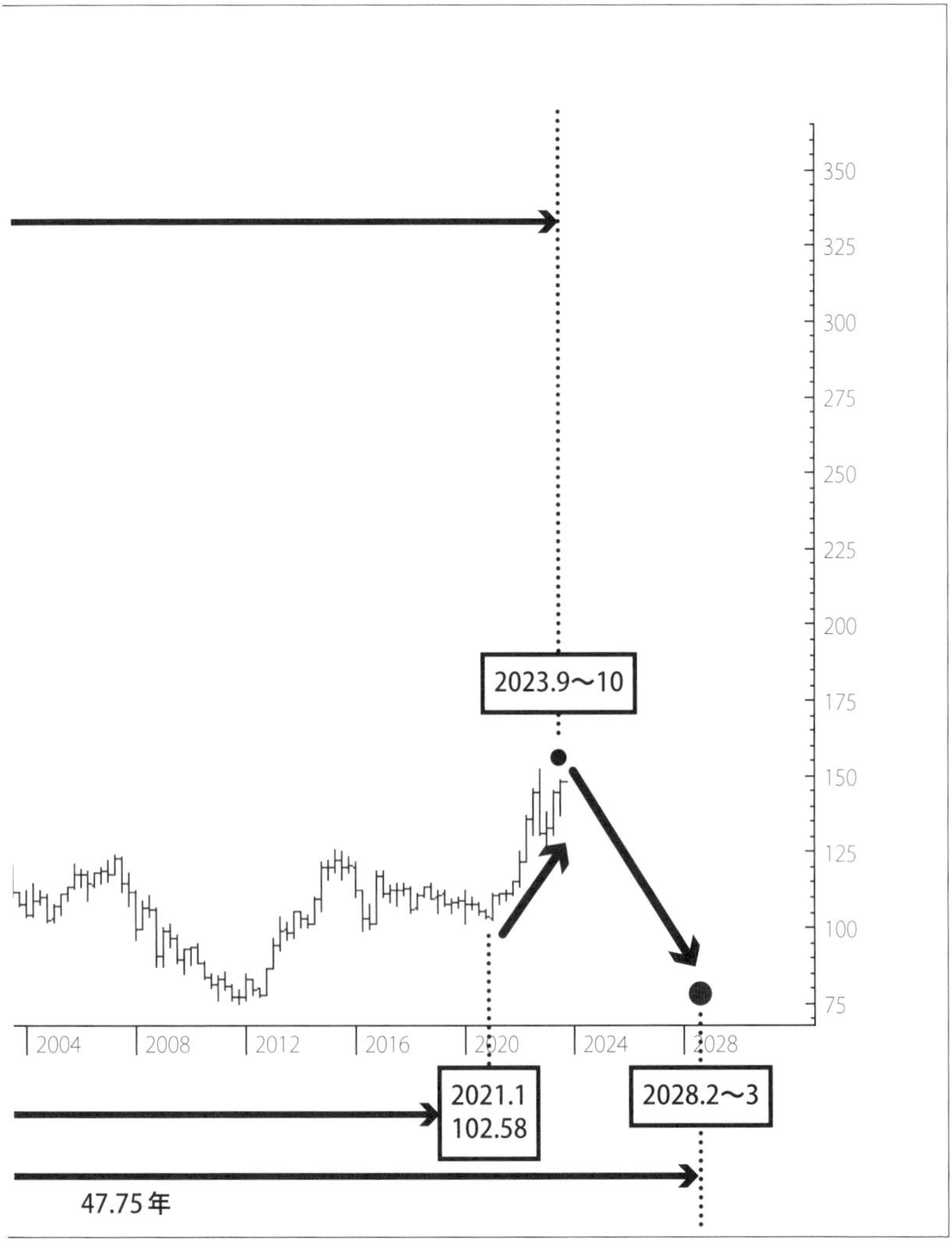
350
325
300
275
250
225
200
175
150
125
100
75
2004
2008
2012
2016
2020
2024
2028
2023.9〜10
2021.1
102.58
2028.2〜3
47.75年

図表1-1 ドル円四半期足（2023年9月現在）

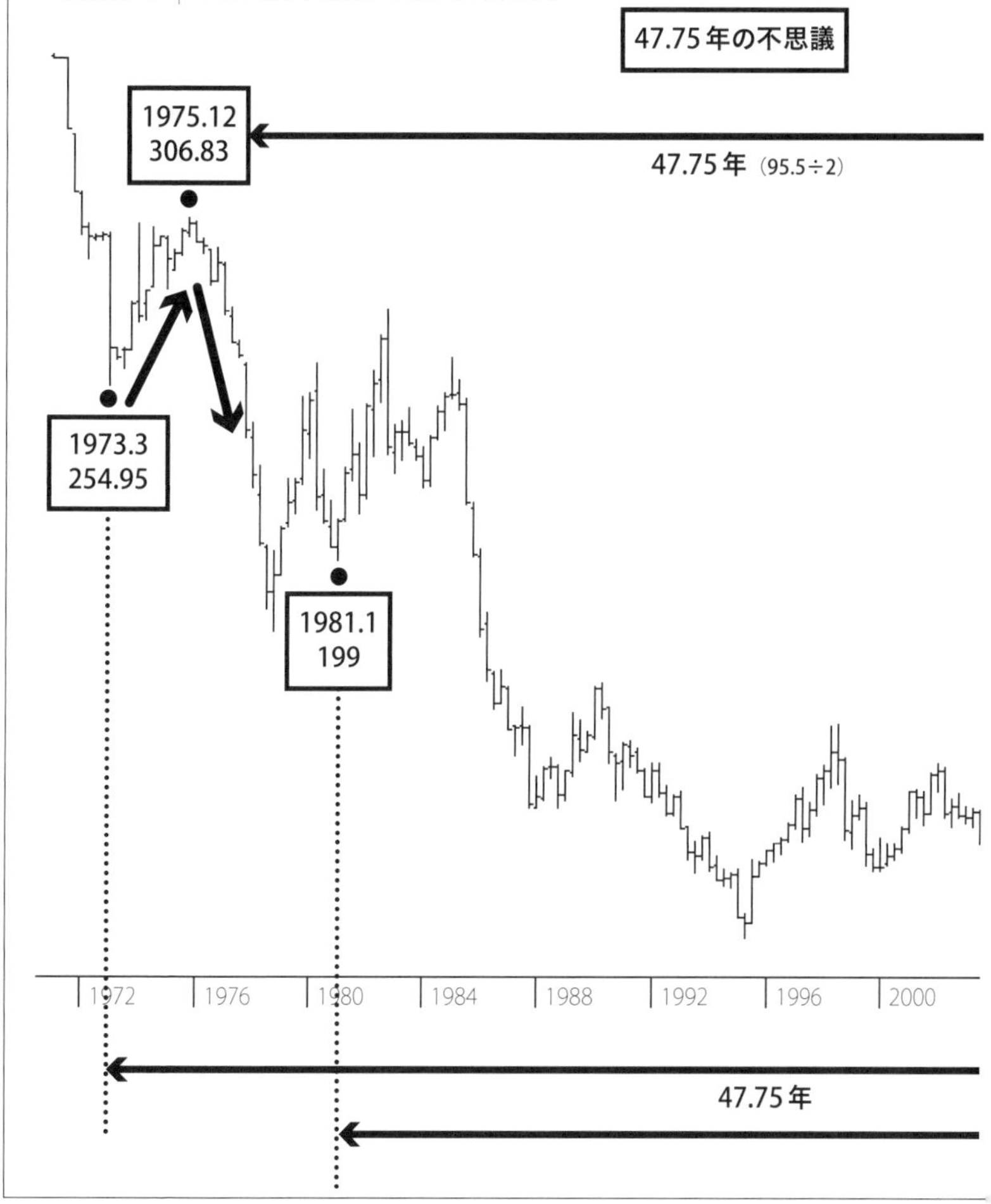

なるもののバカさ加減がはっきり出ている。

それでは、この47・75年の嵐をクリアした後はどうなるか。今度は当時1ドル177円まで急落した1978年10月あるいはその二番底の1981年1月199円までの動きをなぞらえるはずである。ドル円のサイクルからすると1981年1月の二番底のほうがこれからの大きな下落の底とシンクロする可能性が高いとみている。

なぜ47・75年なのか。それは95・5の2分の1だからだ。このあたりを詳しく説明するといくら紙面があっても足りないので詳述しないが、95・5は黄金律で最も重要な数字であり、ペンタゴンの高さ59にペンタゴンの台形の高さ36・5を加えたダブルペンタゴンの高さである。

2023年9月は、この47・75年前の相場が当時のドル高円安の306円に向けて上がっていく流れにシンクロしにいっているわけである。これが、9月を過ぎて、シンクロの効果が消えると、相場は急にドル下落となるということが頻出するのである。この306円83銭から黄金律161円80銭を減じると145円03銭と、おおむね本書執筆中の146円台と整合するのである。

ここで大事なのは、マーケットが47・75年という大事な数字を認識しているかどうかだ。

もちろん経済学には出てこないのだから、マーケットの人たちが認識しているとは到底思えない。シンクロ現象の消滅により、9～10月からは強烈な円高が始まるのだろう。

日本の株価は歴史的な結節点にある

日本株についても2023年9月はむずかしい時間帯に入る。

というのは1989年末の大天井3万8957円からの黄金律33・75年の正中点が2023年9月となっているからである。33・75は黄金律の大規範である540の16分の1の重要数字である。

したがってシンクロ現象で9月まで日経平均は上に引っ張られるが、9月が過ぎるとシンクロ効果が消滅するので、相場は急速に下落に方向転換する。6月19日の高値3万3772円を超えることはないが、それにチャレンジするように動くはずである。しかし、9月に6月高値を抜けない場合、その後の急落は大いにあり得る。

ここで相場の目先を論じることは単行本の仕事ではないので、詳述は差し控えるが、要は相場なので、上がれば下がるの繰り返しである。

2023年9月までは順調に株価上昇、33・75年のシンクロが外れる9月以降は要注意だが、それでも相場なので12月あたりからは本格的上昇を再開する形となろう。

本書の読者は、筆者に証券会社のセールスを期待する方はいらっしゃらないだろうから、外国人買いがどうだとか、年金基金のクジラの動きがどうだといったどうでもいい解説は一切しない。しようにも筆者はその種の情報に一切興味を持たないから、知識も持ち合わせていない。

その種の情報というのはおおむね需給の情報である。相場の世界で需給の情報ほどあてにならないものはない。日本経済新聞（以下、日経新聞）などを読んでも、需給の情報は大抵後付けでクリエイトしたナラティブの世界である。ウォールストリートの情報と称するものもいわゆるナラティブの世界である。日々の相場変動を解説しなければならないというインポッシブルな仕事をこなすマーケットメディアがつくり上げる世界に読者は毒されてしまうのである。

それより筆者は相場の日柄の研究をしているので、相場の時間軸については専門的な考察を展開できる。以下若干の例を挙げてみる。

２０２３年は日本経済あるいはその株価について歴史的な結節点を迎えている。

たとえば明治維新（１８６８年10月）からの１５４・５年（６１８四半期）は２０２３年３月となる。１５４・５は黄金律61・８単位の６１８÷４で導かれる黄金律である。ペンタゴンでみるとダブルペンタゴンの高さ95・5にもう一つペンタゴン（高さ59）を乗せた高さで95・5＋59＝154・5である。この154・5を2・5倍のスケールのチャートで描くと、目盛りは154・5×2・5＝386・25となる。1929年9月6日のNYダウ高値（大恐慌前高値）は386ドルであった。

日本のバブル天井1989年末の高値は3万8957円で、これも1万5450円の2・5倍3万8625円に332円の誤差で整合する。

つまり、値ごろで見ればバブル天井の値ごろであり、横に倒した時間軸でみると相場の日柄の結節点となる。たとえば15・45年は618四半期の節目となる。

この154・5は黄金律161・8の95・5％に当たりチャートの18度線上を161・8単位時間走った相場は、時間距離が水平で154・5単位時間経過することになる。

さて、そのような大事な数字である154・5年は明治維新から2023年3月正中点でやってきた。

日経平均は2023年3月から月足陽線を4カ月連続で出し、7120円の急騰をみせた。明らかにこの154・5年が効果を発揮しているものと思われる。

次に1949年5月から再開した東証の株取引であるが、1950年7月6日に85円25銭の安値を付けた。これは進駐軍経済顧問のドッジ博士の採用したデフレ政策で1948

年からの金融引き締めで多くの大企業が倒産した大不況の底値であった。

２０２３年はその株価最安値からの73年目の節目のタイミングである。36・5並びにその倍数の73は宇宙のルール（1年３６５日）であり、ペンタゴンの台形の部分の高さが36・5単位と大事な値幅、日柄の節目になる。

73年で大きな結節点を描いたのは２００２年10月10日のＩＴバブル崩壊底値のタイミングである。

これは、これに先立つ73年前の１９２９年9月のＮＹダウ大恐慌前高値３８６ドルからのタイミングであった。

ご承知のごとく、その米国株はＮＡＳＤＡＱで当時１１０８の安値を付け、紆余曲折を経て、２０２１年11月に1万６２１２の天井と14・6倍の暴騰の起点となった日柄である。73年目の大底であった。73年目の不思議はプロローグで説明した。

以上からみると、２０２３年の相場上昇がたんなる外国人買いだとか、個人投資家の買いだとかいう些末な材料ではなく、宇宙のルールで決定づけられた運命の展開の始まりであることは明らかである。

30年間続いてきたデフレの裏返し

いまもプロも含めて日経平均の33年ぶりの上昇に懐疑的な人が結構いるようだが、これは日柄やシンクロなどサイクルを勉強していない人にはわからない。

なぜ日本株はこんなに上がるのか。外国人が買ってくるだとか、そういうことではない。

問題は何が起こりつつあるのかだ。その正解とは、脱デフレに他ならない。

30年間続いてきたデフレの裏返しとして、インフレが到来してきているとする認識である。

そうすると何が起こるのか?

いろいろあるが、なかでも大きいのは民間に積まれてきた3200兆円の資金が一気に拡大再生産に入るということだ。

これは複利で運用するならば、すぐに100兆円ぐらい増えてしまうし、さらにすごいのは、インフレになると名目GDPが強烈に増えてくることであろう。

いままで、我々が行なってきたGDPが増えた、減ったという議論は「実質GDP」についてである。これはインフレ率の変動による影響を差し引いたもので、言い方は悪いが、経済学者のお遊びに属する数値と考えるべきである。

実体経済を表すのは、その時点における市場価格で評価した「名目GDP」のほうなのだ。この名目GDPが我々のポケットに入ってくる実際のお金の総和である。

名目でGDPがいくら増えるかが、日本経済にとって重要であることはいうまでもない。よく考えてみれば、税収は名目GDPの関数といえる。「お宅の会社はいくら儲かったのか。そのうち実質いくら儲かったのか」とインフレ率を差し引いて、税金を弾き出すなど、そんなややこしいことをするわけがない。

先般の日経新聞にエコノミスト、アナリストたちの予測として、「2023年の日本の名目GDPは確実に前年比で5%は上がる」というコメントが載っていた。

これは大変なことで、2022年の名目GDP500兆円から5%増だとすると25兆円増えるわけである。日本の名目GDPは1995年から2022年までずっと500兆円のままであった。その間に実質GDPが増えても、ずっとデフレだったから、人々のポケットに入るお金は少しも増えなかったのである。デフレだとモノ、サービスの価格が下がる。したがって、収入が増えなくても支出が減るから、豊かになるというのが実質経済成長の不思議な定義である。

もともとインフレ経済を想定した発想だから、手取りが増えてもインフレで実体はそれほど豊かになっていないのですよ、とのたまうための実質経済成長率のはずが、収入が増えなくても豊かになっているというまやかしの詐術にエコノミストなる連中が持っていったわけである。

だから、日本の名目GDP500兆円は延々27年間も変わらなかった。それがここにきて、初めて5%の増加をみるのだ。

アメリカの場合27年前のGDPは7兆ドル、いまは25兆ドルとしっかり増えている。我々の経済もこれからは、アメリカには及ばずとも、ゼロ成長の時代から3〜5%の名目成長を達成するところまで戻りそうだ。

経験則を無視して相場は上昇する

当然ながら、これが毎年5%増えるとは思わない。ただインフレになってきたら、今度からは仮に実質GDPがマイナスでも、インフレ率でカバーして、名目GDPが増える、稼げるという可能性が出てくる。

ということは、名目GDP500兆円が600兆円、700兆円に伸びるのは簡単で、そうなったときに何が起こるのか。金利は上がっているから、個人の家計部門の貯蓄がひたすらに増えていく。インフレ経済では、借金が目減りしていくから、借金をしての経済活動も活発化する。つまり一般的に企業が元気になり投資も増えるのである。

その借金からの投資が経済のレバレッジを上げて経済成長を呼ぶ、それを受けて、日本企業の収益が異次元のスピードで増大する。巨額の余剰資本が株式への投資に向かうのは必然であろう。

それはそうだろう、33年ぶりのインフレ経済に転換したのである。

企業が保有する資産である土地、工場の価値は跳ね上がる。さらにそれらにパラレルして国家の税収が増えることが容易に予測できよう。

ここにきて財務省が検討しているのは増税といわれている。もしそれが本当ならば、財務省の見当違いは甚だしい。

名目GDPが増え始めたら、増税などしなくたって、とんでもない自然増収が見込まれるからだ。2023年度は当初見積もりよりも多い70兆円超えを見込んでいる専門家も多い。

となると、財政規律にとってはいいことではないかもしれない。なぜなら、政治家はカネがあればすぐに遣いたがるからである。

それはさておき、現実に税収が想像を上回るほど上がってくると、我々の眼前に何かまったく新しい世界が浮かび上がって見えてくる。

こういう状況について見えていない人は、自らの貧弱な経験則に鑑みて、「これは危ない」と警鐘を鳴らすだろう。1カ月で日経平均が2000円以上も上がったりするのはやり過ぎだと。

たしかに経験則から言えばそうなのだが、歴史を振り返ってみると、新しいブルマーケットがスタートする際には、そのおおかたは信じられないほどのダッシュがつくものなのである。だから、一般人の経験則を無視して、相場はどんどん上がっていく。

2023年12月以降は再び相場の上昇波がやってきそうだ。後は本格的なインフレ経済へと突入していき、日経平均は5万3000円まで伸びていくのだから。我々は何としてもその流れに乗っていかねばならない。

日本株高かつ円高の時代

1980年代の相場とシンクロする

図表1－2を見ていただくと一目瞭然である。

1982年10月の安値6849円から1989年末の3万8957円まで7年間で5・7倍の株価上昇の起点は、1982年10月であり、その後、バブル破裂後の日本実体経済最安値は2003年4月7604円となっている。この間、安値対比では20年半を経過している。黄金律でみると162÷2＝81である81四半期（20年3カ月）のインターバルを置いて大きな底が付き、そこからは82年の底からのケースでは暴騰7年間で5・7倍のバブル天井に達している。

一方、その約81四半期後の2003年4月から始まった上昇は7604円から、200

7年2〜7月の1万8300円まで、約4年で2・4倍の上昇とモデスト（控え目）な上昇にとどまったが、しっかり上昇を見せた。

その2003年4月7604円からさらに81四半期の2023年5月からの上昇は、この81四半期（約20年）のインターバルに相応しく3カ月で6000円を超える急騰を示した。この5月からの急騰は81四半期インターバルの規則性を持った底打ち現象であり、いままでの例からみて強烈な上昇波がフォローするものと思われる。

前節で申し上げたごとく、2023年は明治維新からの154・5年（618四半期）、1950年7月の85・25円の東証最安値からの73年目の底付きの巨大な日柄から考えると、少なくとも5〜8年は大きなブルマーケット継続となりそうだ。プロジェクションでは、2030年に向け、バブル天井3万8957円から上方に18度線を上げると2030年には日経平均は5万2061円となっているが、そのようなミーガー（些少）な上げではないだろう。

これは33年間続いたデフレからの脱却の動きであり、とてつもない正のエネルギーがたまっている。それが正しい日柄を踏んで噴出しつつある。いまここで考えているようなちまちました株価2倍のプロジェクションなどはあとで大笑いするほどの貧相な予測だったということになるだろう。

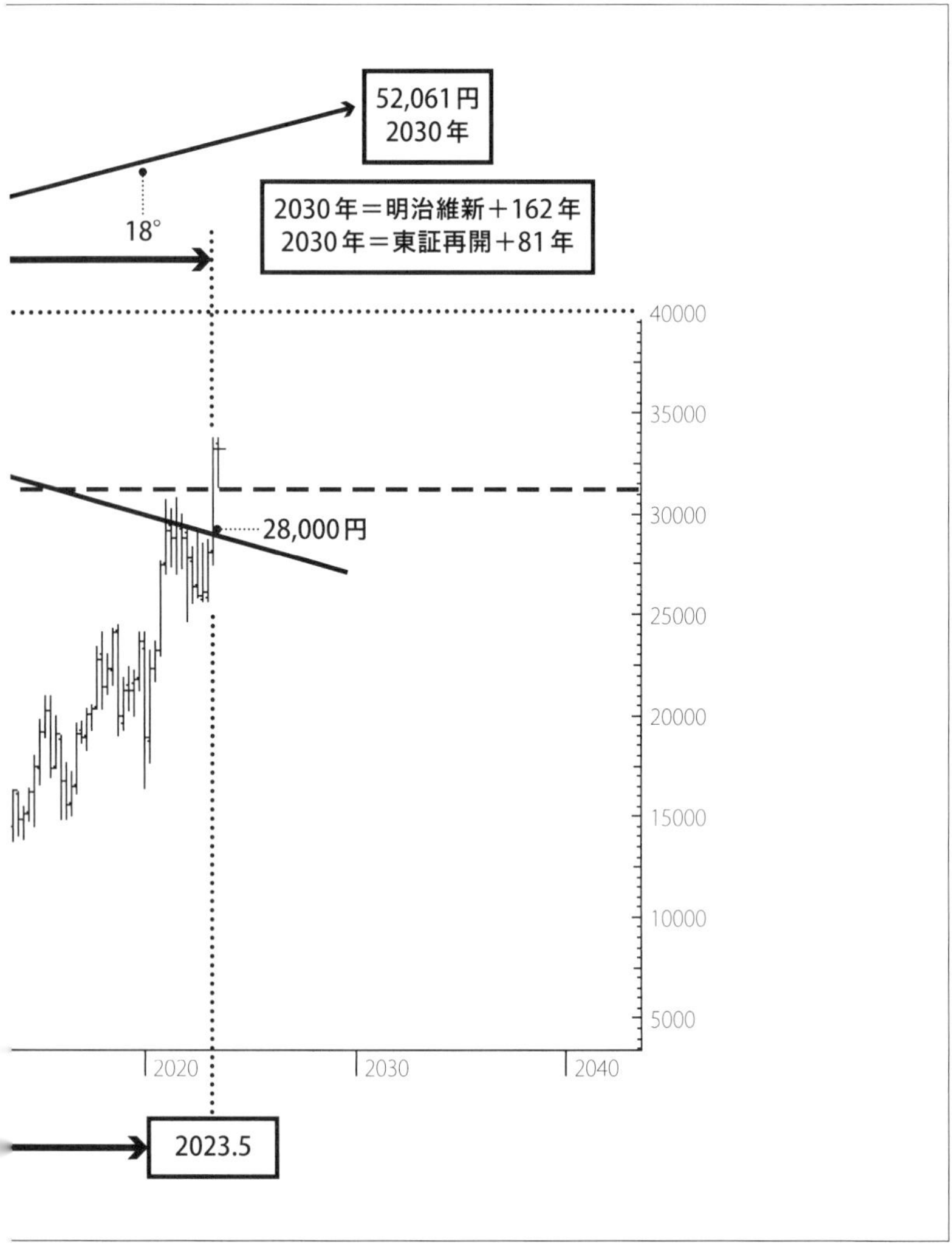
52,061円
2030年
18°
2030年＝明治維新＋162年
2030年＝東証再開＋81年
40000
35000
30000
28,000円
25000
20000
15000
10000
5000
2020
2030
2040
2023.5

図表1-2　日経平均 四半期足（2023年9月現在）

年足チャートで明らかになるドル円相場の天井

一方、日経平均が暴騰するなかで、為替では円高が進行するというのが筆者の持論である。

そもそも日経平均とドル・円為替相場は全然別ものである。

この2つを結び付けて論評するのはメディアのナラティブとしては面白いかもしれないが、まったく無意味な試みである。

したがって株高には円安のほうが良いなどという議論はまったく意味をなさない。

あえて言えば、デフレ時代は円安によってデフレ圧力を減殺することができるので、株に有利というのはあるかもしれない。

しかし、インフレ時代になれば、国内の金利が上昇するか、円高が進行することにより、インフレ圧力を抑え込むことができる。

金利をあまり上げたくない当局は円高を好むかもしれない。とはいえ、株高が円高に直接つながる経路ははっきりしない。

筆者の嫌いな需給論でいけば、外国人の日本株買いにより、円に対する需要が高まり円高になるというナラティブがある。

それをもう少しマーケットの洗練された物言いに変えると、「円高が進行する（なぜかはどうでもよい）、それをみて外国人投資家は円を買う、買った円で日本株を買う」という循環はあり得るかもしれないが、それは株と為替を直接に結びつける論法にはならない。間接的な関係でしかありえない。

したがって、ここでは「為替相場としての円はもう十分安くなったので、これからは強烈な円高が進行するはずだ」という筆者の論法によることとする。当然、それは日本の株価とはまったく無関係の推論である。

ただし、前述のシンクロ現象の説明どおり、円高にはそれなりの背景があるのである。

２０２３年8月30日の日経新聞は、「円の実力、53年ぶり低水準」と、為替の問題を１面の右肩の大トップに持ってきた。

いつも申し上げることだが、日経新聞のトップというのは、社会現象的にみて相場のトップあるいはボトムの反面教師として、その効果を発揮する。つまりこの8月30日の記事は円相場の底打ちを意味する現象である。

これは何も腰だめの議論で申し上げているのではない。経済評論家なるものは、相場の予測の方法論を持ち合わせていないので、しばしば腰だめの議論でこの程度のレベルでいいだろうと決めて天井底値を打ち出すものである。しかし今回、筆者は円相場の年足を見て、この推論を思いついた。

図表1－3のチャートは1971年8月の固定相場最後の360円をベースに計算している。

黄金律61・8を4倍すると247円20銭が導かれる。それを360円から減じると112円80銭という水準が導かれる。

その1971年の112円80銭から年足18度線を上方に上げると52年目の2023年には146円45銭にこの大事な18度線は位置することになる。

2023年の年足の位置（12月末足）は146円45銭以下ということになりそうだ。

2022年のドル高値は151円95銭であったのはどうしてくれるとおっしゃるかもしれないが、2022年は1968年3月のドル紙切れ化からの54年の節目の年でとてつもない異常円安をみた異常年である。もう一つの異常年は1995年4月の79円75銭の異常円高をみたときだが、それは1968年3月からの27年目の節目のタイミングで出ている。

つまり、1995年と2022年はドル紙切れ化からの黄金律54年と27年に出た異常値である。

この異常値は、何十年単位で超えることのないレベルである。したがって2022年の

151円95線は何十年単位で超えることはない。

一方で右記112円80銭から上げた18度線は年足のドル最高値では超えたことがあるが、年足の実体では超えたことがないし、年最高値で超えた年、たとえば2022年で18度線は139円99銭であり、年末相場は131円12銭と18度線よりはるかに下で引けている。

2023年もこの18度線146円45銭までみた（最高値は150円15銭、10月3日）。

2022年は151円95銭から131円12銭と20円83銭の上髭が出た相場であり、2023年はその上髭を試しにいくのが普通の相場パターンである。しかし、その上髭への挑戦は当然146円45銭でとどまるはずである（この予測は年足の実体で申し上げているので、期中若干の上振れは当然あり得る）。

もう一つ面白い考察がある。

右記の大事な18度線を超えたことが過去3回ある

1998年の高値147円62銭（この前後の年足高値は1997年130円57銭）、2002年の高値135円20銭（2001年の年足高値は131円62銭）、2022年の151円95銭の3回である。

バブル破裂後では、いずれも年足では130円57銭、131円62銭、131円12銭で130〜131円が年足の高値である。つまり年足では、相場は130〜131円までしか

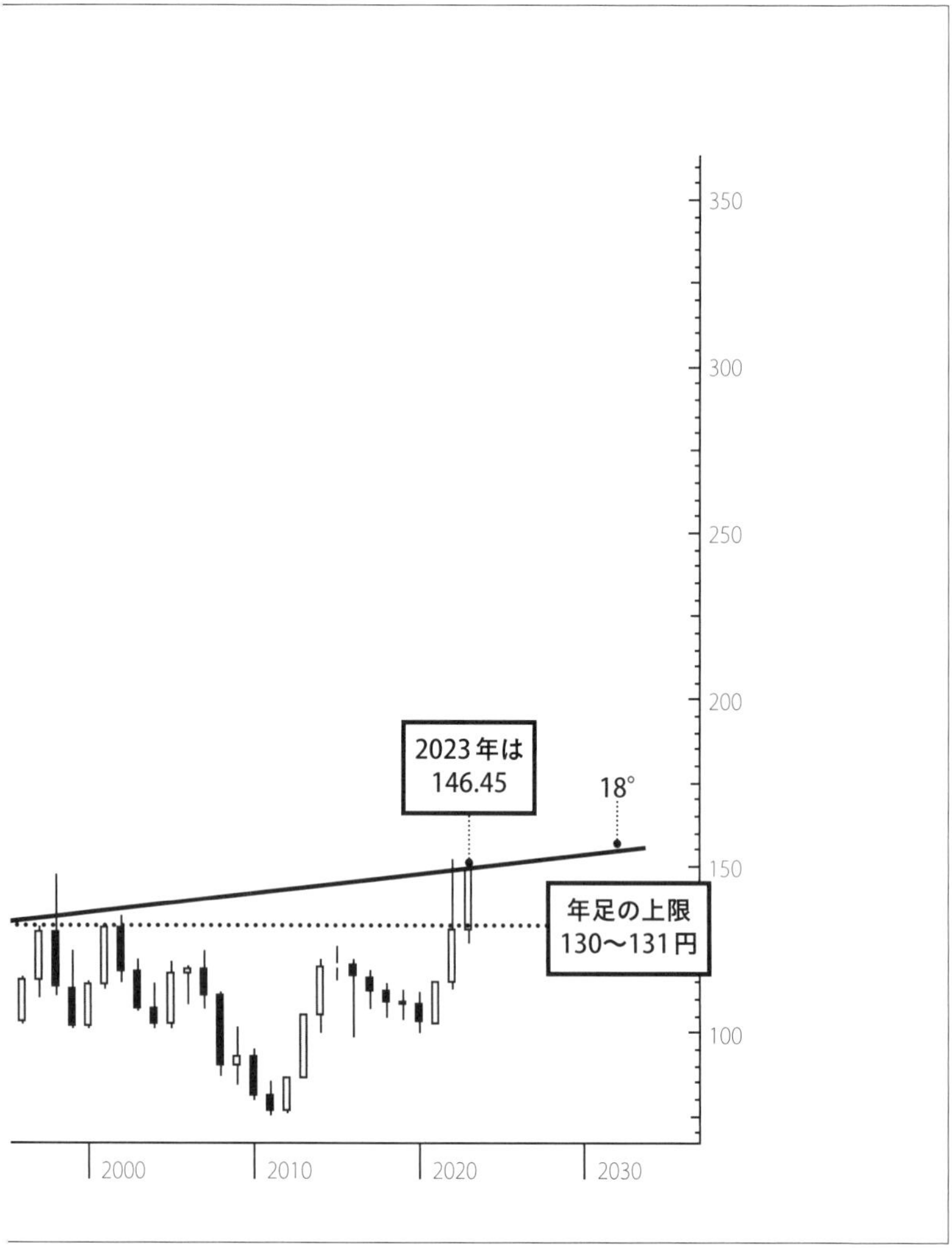
350
300
250
200
150
100
2023年は
146.45
18°
年足の上限
130～131円
2000
2010
2020
2030

図表1-3 ドル円 年足（2023年9月現在）

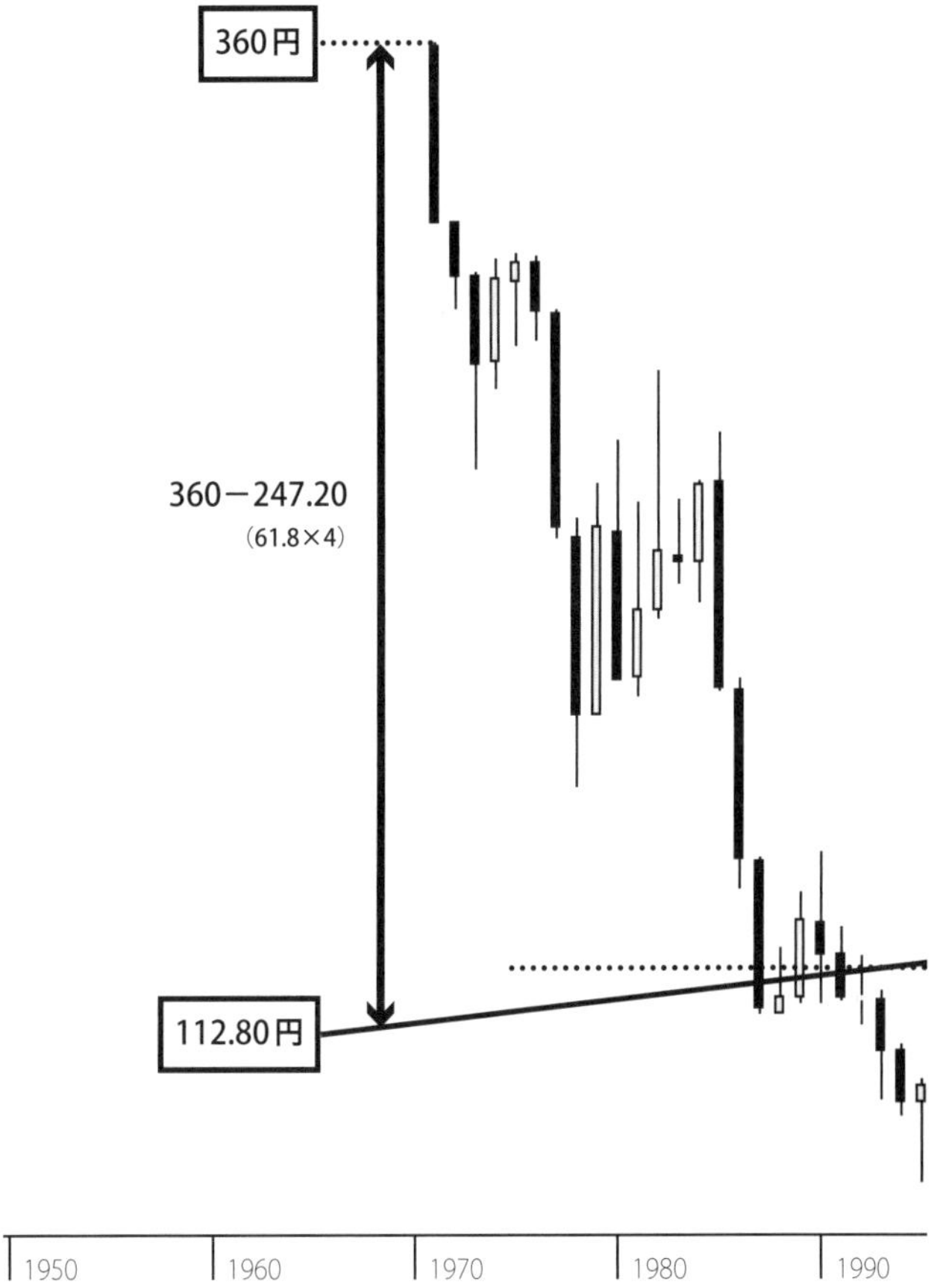

やっていないのである。

2022年のように異常値で151円95銭が出て大騒ぎしても、結局いままでの最高値（年足）は抜いていない。相場はせいぜい130円までしか円安になっていないのである。

世にあふれる、日本経済のdoomsday scenario（先行き悲観論）は150円台の円相場をみてクリエイトされたものだろうが、引け値では130円台までの円安でしかなかったとなれば、にわかに悲観論は行き過ぎという筆者の説が正当性を持つようになるはずだ。

この130〜131円とは一体何かを考えた。ここでポイントになるのは1980年代での年足ドル最高値である1984年の250円88銭である。

これらを一つの基準でくくるのは360円基準ではできない。日本の最後の固定相場は360円ではなく1971年12月にスミソニアン合意で決定した308円であることから（翌々年2月には本格的な変動相場に移行）、308円を基準に考えてみると、130〜131円というのは177〜178円を308円から減じたレベルである。177円はペンタゴンの高さ59円の3倍で美しい。

1980年代の高値1984年の250円は、308円から58円を減じた水準で59円の近似値である。

期中151円95銭までやった2022年でも年足は131円である。

当然、2023年も年末相場は130～131円以下で終わるというのが、以上から導かれた推論である。

昨年の異常円安151円95銭をみた円相場は、その反動で強烈な円高をみにいく。2028年がその到達時点だが、そのときの相場は右記の308円基準でいくと59×4＝236であり308－236＝72円という相場が導かれる。

1995年の異常円高79円75銭から3年後には147円62銭と、68円の円安を演じた相場である。

151円95銭から2028年の72円まで80円の円高をみてもとくに不思議ではない。なにせ今回は1968年3月のドル紙切れ化から54年目の2022年に始まった米国株下落、金利急騰という54年間のドル印刷の総決算である。

市場の変化は生易しいものではないだろう。

いずれにせよ2023年の引け値年足が130～131円以下であれば、2028年72円コースの実現性が高まるだろう。

では、円高になったら日本株は下がるのか？　これまでもそういった傾向は見られた。しかし、そうではない。今回は円高になっても、日本株は下がらない。これは新しい時代の到来なのだ。日本株はまさに暴騰しようとしているわけである。その第1弾が本年6月

16日の日経平均の3万3700円の高値といえた。

もちろん、相場であるから、いったんは上げが止まったり、米国の株が下がったりすると、一時期は日本株も引き摺られて下がる場面もあるだろう。あるいは、これからは間違いなく円高にふれるので、それに引っ張られて、一時期は日本株安の場面を迎えるかもしれない。だが、それはトレンドではない。

1980年代をみてわかるように、このときは円高になりながらも、日本株もべらぼうに上昇した。円高、株高であったのだ。

そこから40年半が経って、その再来、シンクロ現象がいま起きようとしているわけである。したがって、円安株高ではなく、円高株高なのだ。

驚異的な上昇が期待できるドル建て日経平均

ドル建て日経平均は外国人投資家が対日投資をする場合の、最重要の尺度である。外国人投資家は一般的に為替相場に無頓着で、日本株を買っても、為替相場による変動を嫌い、円をヘッジ売りして為替相場ニュートラルのポジションを持ちたがることが多い。

しかし、ドル建て日経平均だと面倒な為替ヘッジの必要もなく、ハダカの状態で、株価も上昇、円相場も対ドル上昇というダブルワミー（二重苦）の正反対の状態が実現することがある。

そのドル建て日経平均がいちばん大きく動いたのは1980年代である（**図表1－4**）。いちばん安かったのは1982年の第4クォーター。この当時のドル建ての日経平均はたったの25ドルだった。ドル円為替が278円だったうえに日経平均は6849円。この当時は円安で株安だった。

そこから日本株のバブルが始まった。1989年の終わりまで7年間にわたる壮大なバブルによって日経平均は3万8957円まで進んだ。

そのとき（1988年）のドル円為替は120円だったので、ドル建て日経平均は273ドルまで上がった（1989年末に向けてドル円は143円まで安くなったが、日経平均の上昇でドル建て日経平均は270ドルの高値を維持した）。7年間で10倍以上になったわけであった。ただしその恩恵に浴した外国人投資家はほとんどいなかった。あらゆる常識的な指標レベルを超えて日本株が異常に上昇することが、外国人投資家の懸念を呼び、いつ崩壊するかわからない日本株に投資するまじめな投資家はほとんどいなかったわけである。もちろん、バブル崩壊まで、彼らの予想以上の時間がかかったので、その間、日本株はアンタッチャブルだった。

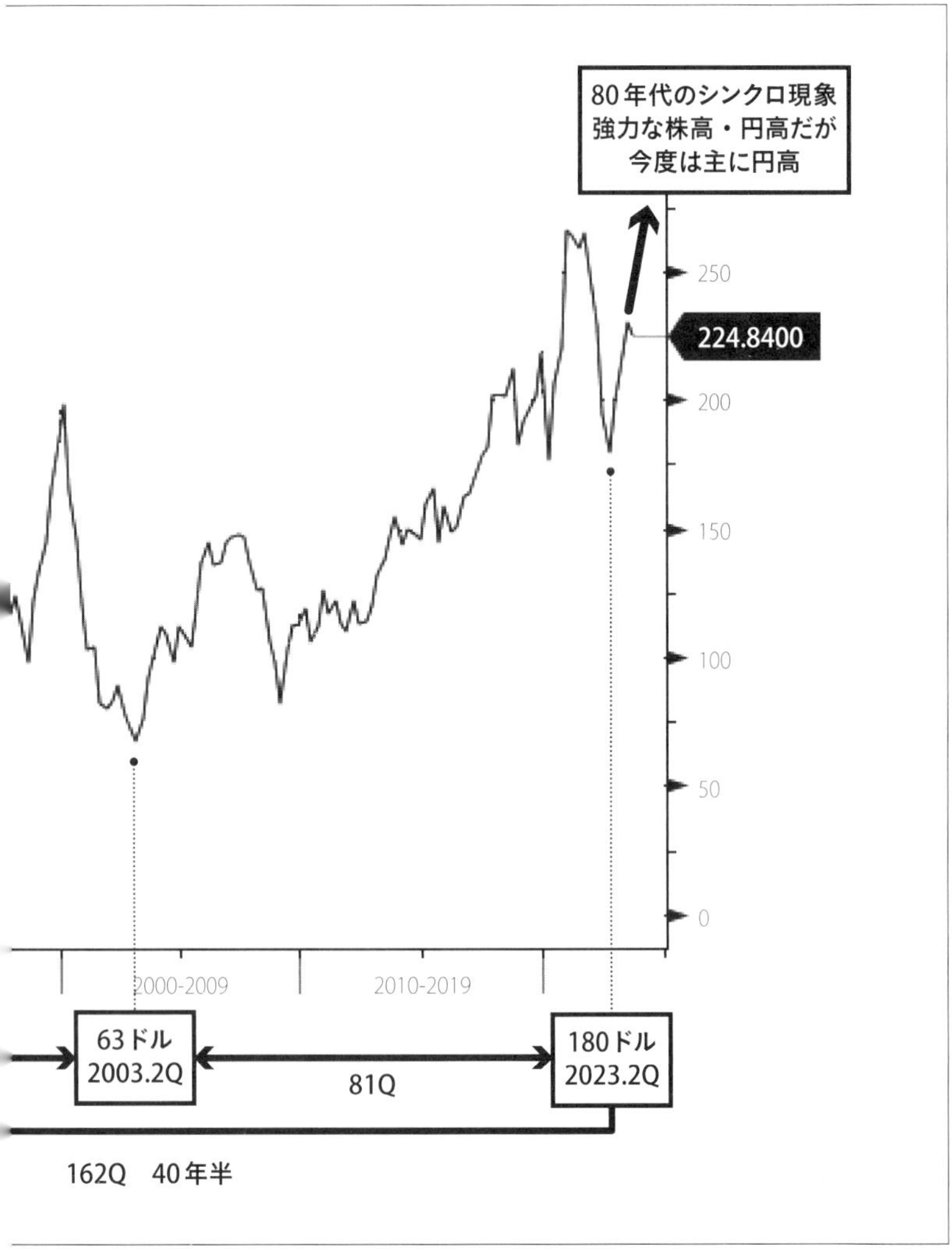
80年代のシンクロ現象
強力な株高・円高だが
今度は主に円高
250
224.8400
200
150
100
50
0
2000-2009
2010-2019
63ドル
2003.2Q
81Q
180ドル
2023.2Q
162Q　40年半

図表1-4 ドル建て日経平均四半期足（2023年9月現在）

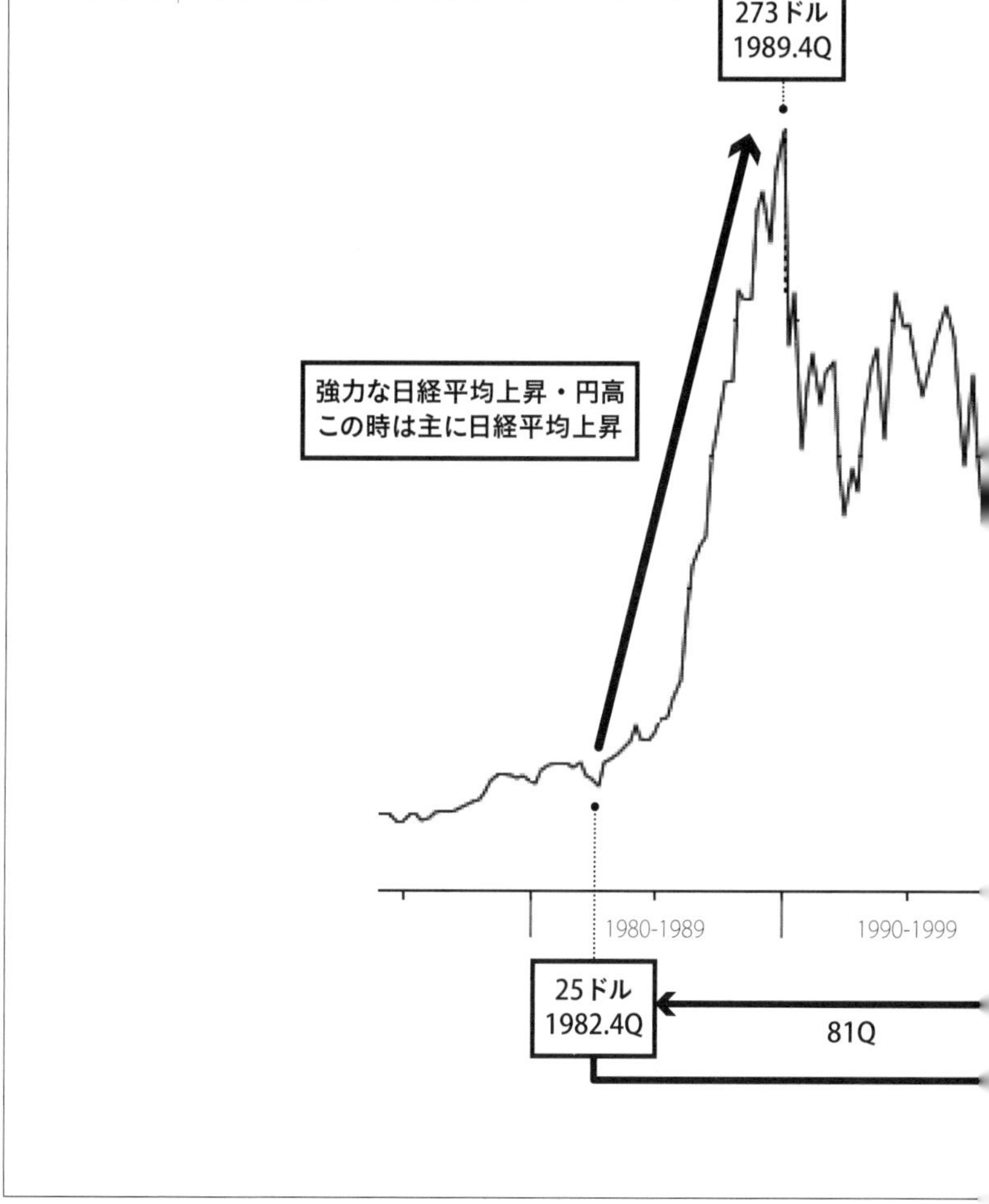

案の定バブルは崩壊し、ドル建て日経平均も暴落、日本経済が実態で最悪の2003年4月に63ドルまでみた。

これは80年代の暴騰の起点1982年11月からのほぼ20年と2四半期（ほぼ黄金律81四半期）インターバルを置いての大きな底の示現である。相場は63ドルから2007年に向けて150ドルに接近する。これは80年代のように、スペクタキュラーではないが、レスペクタブルな上昇である。

さてその2番目の底2003年4月からさらに20年余（81四半期）のインターバルを置いて2023年5月から相場は急速な上昇に転じ始めた。この日柄は1982年11月のスペクタキュラーな上昇の起点からちょうど40年半（162四半期）、美しい黄金律のタイミングである。まさにその瞬間、日経平均は暴騰前夜、ドル円相場も円急騰前夜の状況で、ドル建て日経平均には最高の条件がそろっている。

1980年代にスペクタキュラーな収益機会を見逃した世界の投資家は、成熟した先進国の株式としては異例の莫大な投資収益をみて、さらに一層、日本株を買うという流れになるのは間違いないだろう。たとえば近未来で2030~2031年、日経平均5万3000円、円相場70円とすると、ドル建て日経平均は757ドルとなる。9月初旬の現在226ドルなので3・3倍の株価上昇となるのである。

このドル建て日経平均757ドルは間違うとすれば過小の予想で、下手をすると1000ドルを狙えるかもしれない。日経平均7万円、ドル円相場70円の世界である。

ということは、「外国人投資家は死に物狂いで、円を買い、買った円で日本株を買いまくる」ことになる。

これをわかっていない外国人投資家たちは、いまは日本株を買っているが、為替は円を買っていない。彼らは円についてはヘッジして、すべて売ってしまった。だから、円安になってしまったわけだ。

ところが、本当に次にやってくる流れは、1982年と同じもの（シンクロ＝再現）なのである。

1982年は278円のドル円相場が1988年120円まで急激な円高になるときの株の上げであった。今度も同様で、140円のドル円相場が70〜60円台まで突き抜ける凄まじい円高になる。そのときに株高が到来するわけである。

いまはわけがわからなくて140円で円を売っている外国人投資家がいる。自分たちは膨大に日本株を買ったので、円相場が下落するとまずい。ということで、ドルを買って円を売っている。

これは世の中が見えていない人たちといえる。ただしそのうちに円高になってくると、円高でも株高になることがわかってくるわけだ。

何度も申し上げるが、これまでは円安だから株が買われてきたとか、日経新聞はじめ各メディアがさもわかったように報じるが、それにはまったく関連性はない。それぞれが別個に動いていくのが真実である。

暴騰前夜の状況にある日経平均

日経平均はいま、暴騰前夜の状況にある。

どういうことか。1982年10月の6849円で始まった相場が81四半期目（黄金律162÷2の81四半期）を迎えたのが日本経済最悪期の2003年4月であった。81とは162の半分。そして、そこから始まって再び81四半期目を迎えたのが2023年5月であった。これこそが相場急騰開始の狼煙が上がったタイミングだった。

これは1982年10月から数えると黄金律162四半期目にあたる。

先ほどの図表1-2のチャートが示すとおり、1982年10月から日経平均は1989年12月末の天井まで、7年間にわたって暴騰した。

続いて、2003年4月から2007年まで少なくとも4年間、暴騰を見せた。そして、今度はそこから81四半期経った2023年5月から、暴騰が始まったというわけである。

後で触れるとおり、2003年4月、日経平均7604円は日本経済の最悪期であった。そこから95・5単位というのは2万3875円、これに7604円を足すと、3万1479円になる。これを横線レジスタンスと呼んでいる。

つまり、2003年4月から始まったバブル破裂後の旧時代の上限は、高さで95・5単位2万3875円を当時の最安値に加えた3万1479円であり、これを超える相場が出ることは、その2003年の7604円から始まった旧時代が終焉し、新しい時代に入ったことを相場が宣言したということになる。それでは新しい時代に入った日本株はいつまで上昇するか。

明治維新からの154・5年目の2023年から始まったこの新しいブルマーケットは、2030年という明治維新後162年の大事なラインを超えて、おそらく大事なポイントである明治維新からの168・5年（95・5＋73）まで一気にいくだろう。それは2037年3月がその正中点である。あるいは1989年末のバブル天井から47・75年の2037年9月も有力である。

おおざっぱに言えば、2037年に向けて爆騰10万円狙いだろう。

その際には、この3万1479円のラインはほぼ絶対の月足サポートして、下値を支えるだろう。

この3万1479円を踏み台にして次なる相場の高値はどこにあるのか？

今度はやはり7604円を底値に、95・5の一段上の単位154・5（95・5＋59あるいは618÷4）である。154・5は4分の1目盛りで3万8625円となる。7604円に3万8625円を加えた4万6229円が次のターゲットである。

中期的な展望は**図表1－5**のチャートで見ると、2023年は1950年の底値からの73年目の株式元年に、54度加速チャネルへの入り口が3万8239円にある。

年足なので2023～2024年ぐらいのブロードなタイムスパンでみてこの3万8239円を超えてくると、この急行列車のグレイゾーン（54度加速チャネル）に乗ることになる。

最安値1950年から81年目の2031年にはこのチャートで見れば6万6000円、あるいは7万5000円の目が出てくる。

2037年はやや腰だめだが10万円狙いといっていいだろう。

NYダウの場合、大恐慌前の高値386ドルを超えたのは1954年11月、その後の暴騰で1966年1月、すなわち11年2カ月後には1000ドルに達した。

これは大恐慌前高値386ドルの2・6倍のレベルである。これを日経平均に当てはめると、バブル天井後33～34年で新高値を更新、その13年後の2037年に10万円すなわちバブル天井の2・56倍に達するというシナリオになり、新時代相場の第1次到達点として10万円は荒唐無稽とはいえない。

日柄からみると、相場は明らかに上がるしかない。

日本経済の浮沈がどうだこうだ、株価が上昇する条件とは何かとか、ナラティブは数々あるのだが、そんなものはこのチャートを見れば一目瞭然で、これから日本の株は断然上がる。

そういう分岐点に突入するとば口まで来ている。

ただ、この先、米国株がどっと下がったとき、日経平均がなかなか上がりにくい場面があるかもしれない。米国株と連動して一時的に下がることもあり得るからだ。

けれども、日本株は上がる。相場は時間がくれば動くようになっている。

これまで歴史的に日経平均がもっとも上昇した1982年10月の起点から、ちょうど162四半期にあたる2023年5月からの時間帯に、日経平均は33年ぶりにバブル期以来の高値を付けた。

このことは、今後、長期にわたり日本株が上げまくる幕開けとして本当に素晴らしいものであった。

年末に向けて米国株が下落するタイミングで日経平均がちょっと下げた際、これは逆に

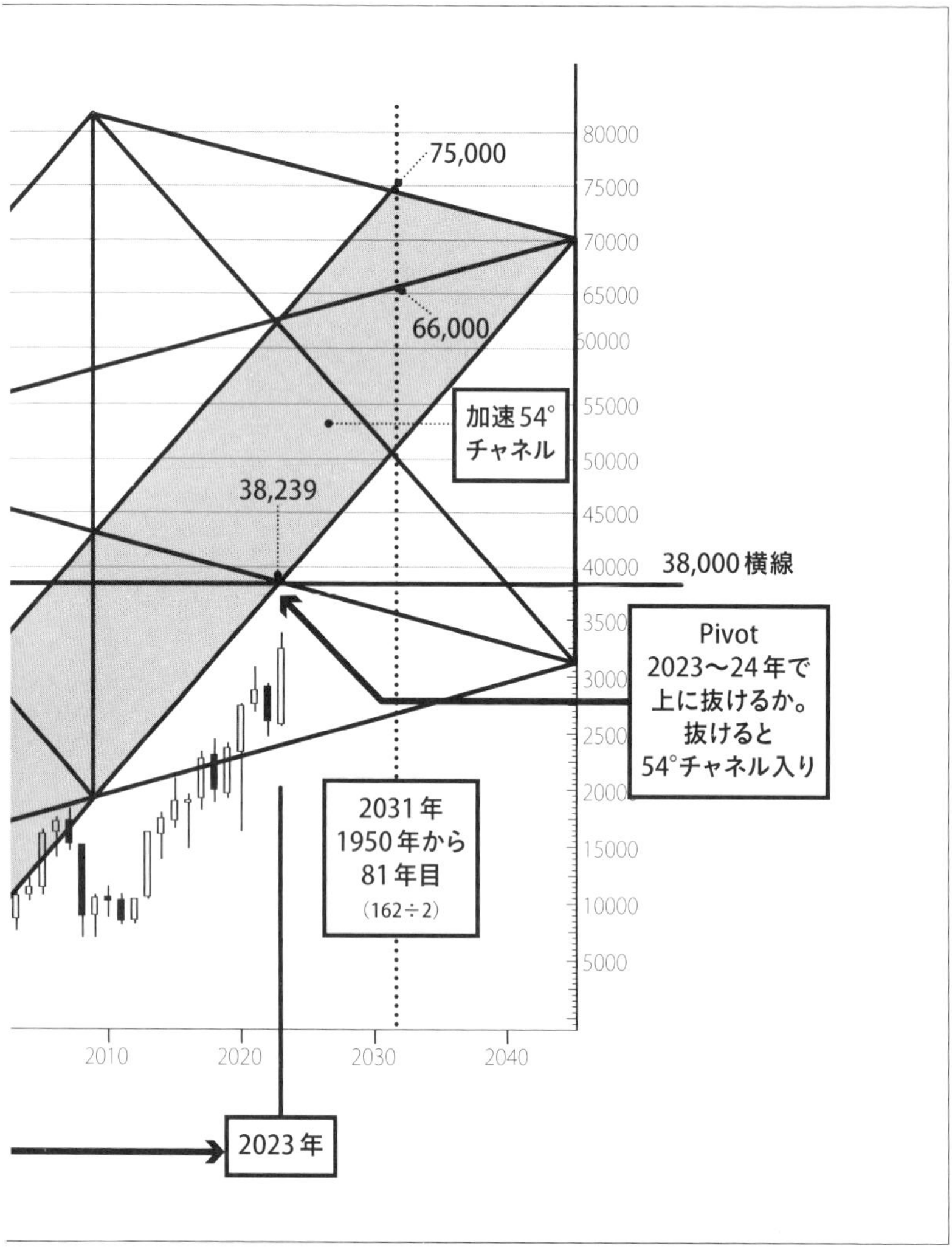
75,000
66,000
加速54°
チャネル
38,239
38,000横線
Pivot
2023～24年で
上に抜けるか。
抜けると
54°チャネル入り
2031年
1950年から
81年目
（162÷2）
2023年
80000
75000
70000
65000
60000
55000
50000
45000
40000
35000
30000
25000
20000
15000
10000
5000
2010
2020
2030
2040

図表1-5　日経平均 年足（2023年9月現在）

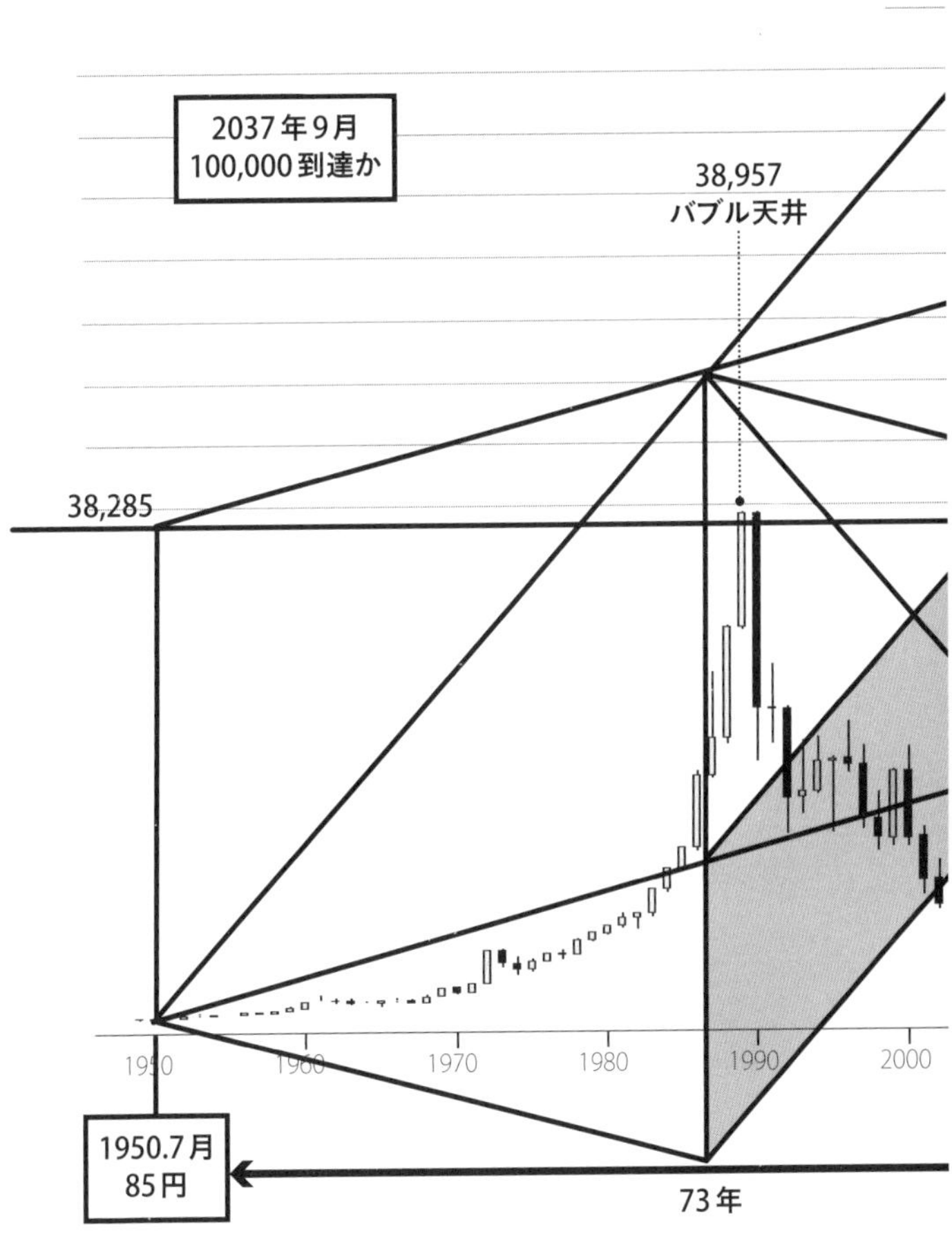

日経平均の買い場と受け取っていい。

今後は、米国株は上がった時点が売りで、日本株は下がった時点が買いとなる。

なぜ日本は長期のデフレに苦しんだのか

さて今回ようやくデフレからの脱却を果たした日本経済であるが、いったい何が33年間のデフレを継続させたのか振り返っておく。

1980年代のバブル経済が崩壊した後、1990年代のITバブル、その後2007年にかけての、戦後最長の景気拡大局面はあったとはいえ、おそらく多くの日本人は、景気回復を実感することはなかったろう。

本書でも繰り返し言及してきたとおり、そのいちばんの要因は何といってもデフレ経済から抜け出せないことにあった。

日本をそこまで深刻なデフレ経済に追い込んだ元凶とは何だったのか？　日本の政府当局が、「何が何でも円安にする」という気迫に欠けていたからである。

筆者がそれを認識したのは、2008年9月のリーマン・ショック後であった。世界的な景気後退局面のなか、通貨戦争が勃発した。欧米主要各国は輸出を増やす目的で、露骨に自国通貨安を進める政策に舵を切っていた。

自国の通貨安を実質的に引き起こすためには、2つの手法が用いられる。ひとつは、国内物価を下げることで、それにより実質的為替レートは安くなる。もうひとつは、国内物価は従来の水準を維持したままで、為替レートを下げるというもの。

各国はこのどちらかを採らざるを得なかった。米国が採ったのは後者であった。これはまさにインフレ的な政策であり、結果、米国経済はデフレスパイラルを避けつつ、国内物価を徐々に上昇させていった。

逆に、日本は前者を選んだ。為替レートを安くすることなく、国内物価を下げるような政策を採ることにより、実質的な通貨安状態をつくり出したのだった。

要は、日本政府はデフレ的な政策を選んでしまった。それによって、さらに深刻なデフレ状態に陥ってしまった。これは誰が何を言おうとも、政策ミスでしかない。円高はとどまるところを知らないように、たちまちのうちに1ドル80円を割り込むような水準まで上昇し、さまざまな形で日本経済を蝕み始めた。

しばらくデフレが続くということになれば、企業はデフレが進んでも経営に大きな影響が及ばないような体制を整えてくる。生産拠点を海外に移転させるというのは、まさにその典型といえる。そして、工場が海外にどんどん移転すれば、今度は日本国内の雇用機会が失われ、個人消費は大きく落ち込む。その結果、日本国内はさらにデフレが加速してしまう。いわゆるデフレスパイラルだ。

こうなると、ますます駄目だという雰囲気に包まれてくる。名目上の企業利益が上がらないから、株価も下げ続けてしまう。名目上のＧＤＰが成長しないから、国の税収もまったく増えずに、財政赤字が累積してしまうわけである。

第2章

転倒する
これまでの常識

THE ULTIMATE PREDICTION

米国買い、日本売りは過去の話

米国人が日本株と円を買う

本書で示しているとおり、為替は為替、日経平均は日経平均とあくまでも別個であり、これから為替は円高、日経平均は株高がとんでもない勢いでやってくる。いまはそれを待ち構えている状況なのである。

今後の大局は明確に株高、円高だが、そのうちに物事が見えていない人たちが、妙ちくりんな理屈をつけて反論をし始めるのは必至といえる。過去の常識に囚われている人はどうしても〝シンクロ現象〟という大きな視野を持てないからである。

日本株がべらぼうに上がり、米国株がべらぼうに下がるというこれまでとは〝転倒〟した展開が続くわけで、若い層の読者諸氏には初めての経験となろう。

1989年末から2003年まで日本株は奈落の底まで落ちた。この間、米国の株は1990年から2000年までITバブルを経験し、日本の株はバブルの破裂を味わった。

これから起こることはその真逆である。米国売り、日本買いという流れは、とりわけドル建て日経平均において尋常ではない上昇軌道を描く。

こうした相場環境の大変化は、米国から日本株に投資する人たちにとっては最高の投資になるといえる。米国人は為替と株の二刀流で儲けられるからである。

溜まりに溜まるNASDAQの下落エネルギー

その一方、これからの米国株は強いのか、弱いのか。

日経新聞など日本のメディアも取捨に困っている模様だ。これは日本メディアのみならず、ウォールストリート・ジャーナルなど米メディアもブルマーケットに入っただとか、いや、やっぱり駄目だとか揺れ動いている。

投資銀行系の見方も同様で、モルガン・スタンレーとゴールドマン・サックスという米国を代表する2行が典型的に違う意見を示している。

ゴールドマン・サックスは、「相場は明らかに上げに向かっている」と強気だが、対するモルガン・スタンレーは「こんなに高いところで買っては駄目だ。ここからは下げなのだから」と警戒を呼び掛けている。

モルガン・スタンレーのほうが断然正しいとみたい。

なぜか。日柄でみても先刻申し上げたように、2020年のコロナ安値を起点に滅茶苦茶なバブルが起き、NASDAQが付けたバカげた天井が破裂してから、まだそう時間が経過していないからに他ならない。

一般的にバブル破裂のような大事件が発生すると、2年以上の下落をすることが多い。米国の大恐慌の場合は1929年9月の386ドルの天井から1932年7月の40ドルまで2年10カ月で89・6％の大暴落である。これだけの値幅で暴落すると、さすがにそれ以上株価の下落はないが、デフレは1941年まで長引き、日本軍の真珠湾攻撃まで続く。

我が国の例では日経平均が1989年末の3万8957円という大天井から1992年8月の1万4200円まで2年8カ月で63・5％の暴落をこなすが、まだ下げ足りず、結局、2003年4月まで13年4カ月の下落（下落幅80・4％）となっている。

米国のITバブルの破裂はNASDAQが2000年3月（NYダウは2000年1月）の天井から2002年10月まで2年8カ月～10カ月の暴落で、NASDAQは5132→1108まで78・4％の下落となっている。ほかにも2年10カ月の調整は見られている。

この2年10カ月というのは、実は、黄金律36・5カ月の節目のタイミングなのである。ただし、この場合の月足は1カ月28日の周期でみる短月の36・5カ月である。短月36・5カ月は28日×36・5カ月＝1022日で、これは暦の月（長月）でみると1カ月30・4日が平均なので33・5カ月となる。2年と9・5カ月である。

したがって、大きな相場の崩壊は2年10カ月かかることが多い。宇宙のルールである。そのルールからいえば、今回のNASDAQの下げは2021年11月1万6212→2022年10月1万0088と、下げの期間は11カ月、下げ幅は37・7％に過ぎない。

1960年代から初めてM2が減少する異常事態のなかでの株価下落にしてはいかにも甘いのである。どんなに短くても2年10カ月の時間と70％の下落幅はみたい。

NASDAQで見れば2024年9〜10月までの日柄で、1万6212→4850あたりまでの相場下落をみたいものである。チャートで見ると浅い場合は8500で天井1万6212からみると48％の下落となる。

これではちょっと下げ幅が甘いので、下げの時間が2028年まで延びることで、下げ幅の甘さを補うことがあり得る。

デフレによる景気後退を計算すると、米国金利の流れで、2028年までは確実なので、ひょっとすると2028年までの株価下落も考えられる。

繰り返すが、NASDAQについてはまだ天井から37％しか下がっていない。それで十分ではないかと思っている人がいるかもしれないが、歴史上、バブル破裂はとても三十数％の下落で収まらない。50％から70％までいかないと収まらない。

ただ、2022年10月の第1次の底は結構大きな日柄であったので、そこからの反騰上昇が予想以上であったことは否めない。それは2009年3月のリーマン安値からの13・5年（54四半期）の重要日柄であった。

したがって、1982年8月から39・5年のブルマーケットの天井をみた相場の調整がたったの10カ月の相場下落で終わり、大きく反騰したので、マーケットにソフトランディングの幻想を与えた。これは13・5年（54四半期）という大きな日柄の所為である。

ただ、それは重要な日柄であるが、ほかのマーケットの日柄をみると、たとえばドル円は2028年に向けてドル安が進行する、あるいは米国債券相場が2028年に向けて大幅な金利低下が見通せるということで、2022年10月が株式相場のボトムとの見方は大局観では納得できないシナリオである。ドル金利が下がるという背景があって、いま無理矢理に高値に戻してきた米株相場がここからまた逆回転して、猛烈に下がり始めるはずということである。

米株相場が無理矢理戻したもう一つの原因は、シリコンバレー銀行をはじめとする中堅銀行の破綻を受け、これ以上の被害拡大を防ぐためにＦＲＢがバランスシートを再拡大したことも大きい。これが市場に安心感をもたらし、米株崩壊を遅らせているわけである。

米国経済のソフトランディングは不可能

一方、ＮＹダウについてはご案内のとおり、30社のみの株価の平均値ということで、超大型株のアップルなどが大きく動くと、それに左右されがちという性格を備えている。よって、少し歪んでいる相場と捉えたほうがよく、指標としてはあまり正統的なものではない。

２０００年1月に1万１７５０ドルからの上げ18度大チャネルの頂点が、いちばん上の斜線で、だいたい3万５０００ドルあたりにある（**図表2－1**）。

本来は3万５０００ドルを超えてはいけないのに、3万５６００ドルあたりまで上げてしまい、それで8月17日あたりでは3万４０００ドル台まで落ちてきた。

これはまっとうな動きに他ならない。

8月1日に3万５６００ドルで天井を付けて、そこから3万４０００ドル台に落ちてきた。タイミング的にも、レベル的にも良い動きをしたので、これはもう下げしかない。

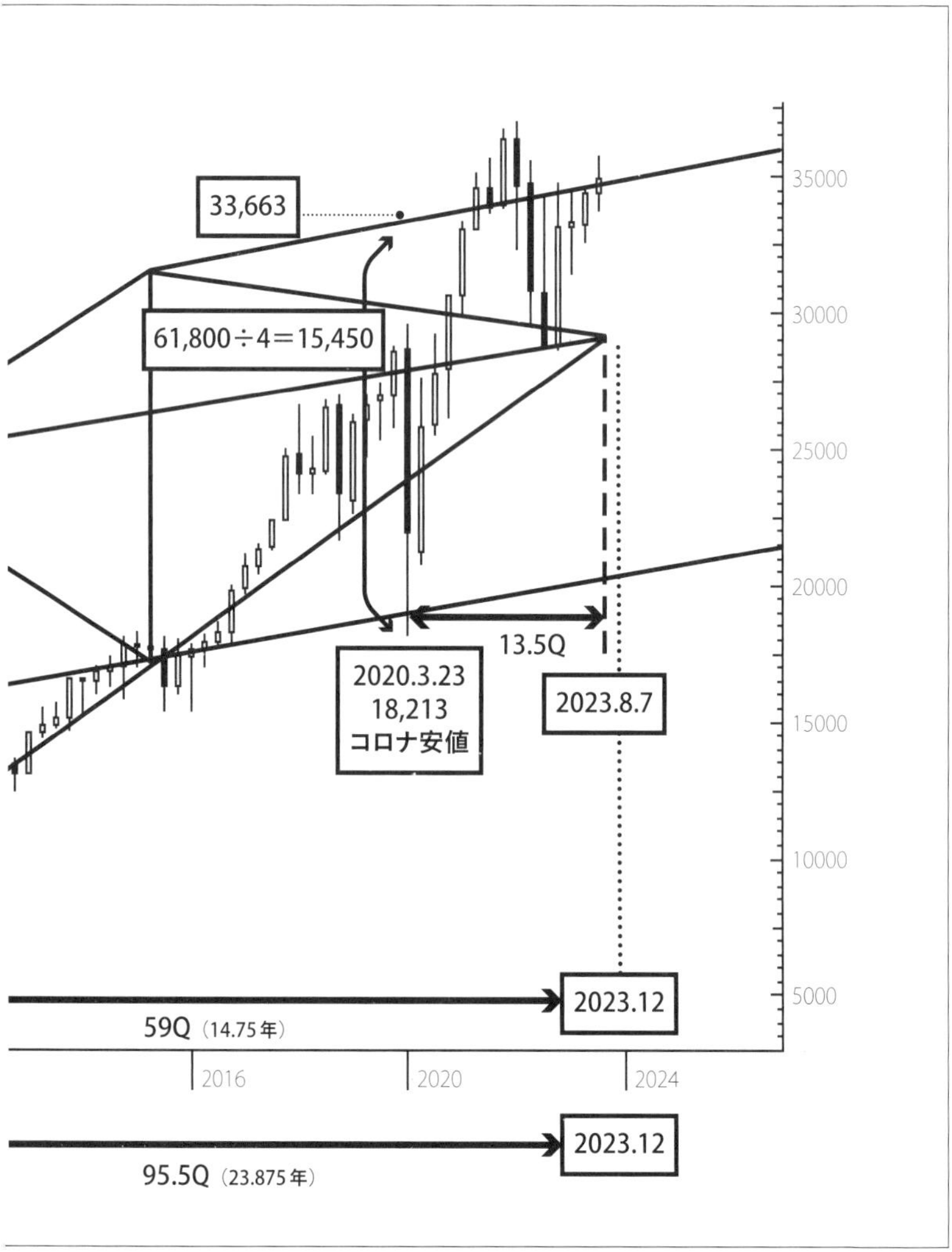
33,663
61,800÷4＝15,450
2020.3.23
18,213
コロナ安値
13.5Q
2023.8.7
35000
30000
25000
20000
15000
10000
5000
2023.12
59Q（14.75年）
2016
2020
2024
2023.12
95.5Q（23.875年）

図表2-1 NYダウ 四半期足（2023年9月現在）

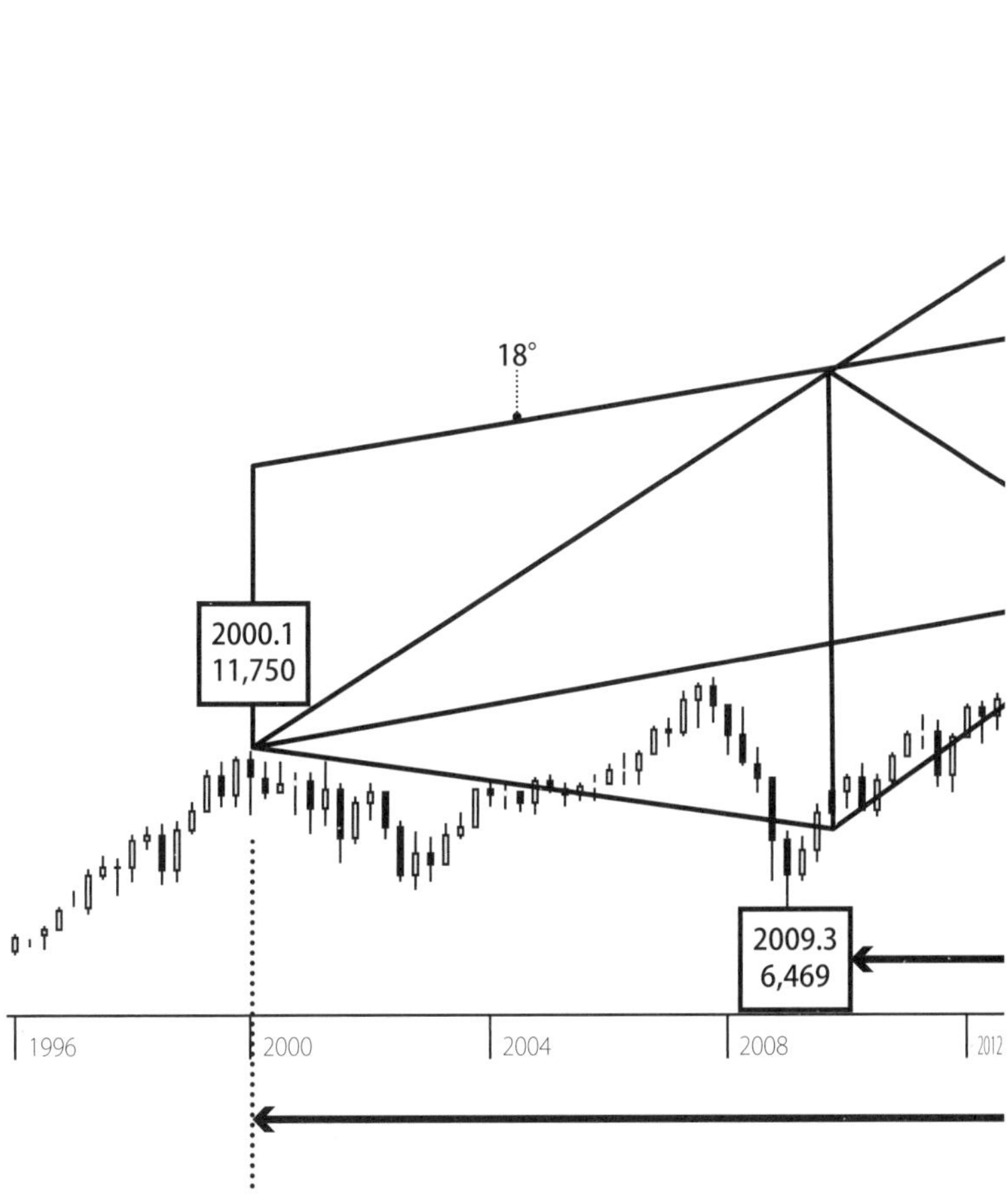

2022年1月5日に3万6952ドルの天井を打って、そこまでいったん戻りかけたとはいえ、やっぱり駄目で下落し始めたわけである。これからは新たな下げの流れがさらにはっきりと出てこよう。

つまり、ゴールドマン・サックスに代表される市場楽観組が主張するようなソフトランディングは儚い空想でしかなく、やはりハードランディングがやってくる兆しとみるべきだろう。

何より恐ろしいのは、2009年3月6日のリーマン底値6469ドルから14年経過していることだ。2023年9月以降、日柄は底値からの14年9カ月（59四半期）の重大な時間帯に入るからである。

その59四半期を外れたとき、相場は崖から落下するような勢いで急落するだろう。

この2009年3月の日柄はNYダウ、S&P500、NASDAQのいずれも該当しており、すでに2022年10月の安値からの戻り高値もソフトランディングをはやして、2023年7〜8月に試している。

2023年10月以降の米国株価暴落は要注意である。

このチャートでいくと、2000年1月の1万1750ドルからずっと横に進む18度のラインの先には2万ドルあたりがあるから、これを目指す流れなのだと思う。3万695

2ドルの天井から2万ドルあたりまで相場は下がりそうである。

2023年10月以降急落する相場は2023年内11〜12月でいったん下げ止まるが、2〜3カ月（一般的には9週間）の休み、あるいは小反騰をみて2024年9〜10月に向けて今回シリーズ（第2段目の下げ）の安値をみにいくことになろう。

つまり、FRBが1年間で5％も金利を上げたツケを、米国経済はきっちり支払わされることになるわけである。そうした状況に米国経済が追い込まれるのが、2024年2月、3月あたりではないか。

そして、それを境に、その後半年にわたって相場は劇的に急落していく。11月に行なわれる大統領選挙の前あたりまでだろうか。

したがって、いちばん速いペースで落ち込めば、2024年中にNYダウは2万ドル近辺を付けているはずだ。

こんなことをやっておいて、ただで済むはずはないからである。

FRBというエコノミスト集団は必ず過ちを犯すもので、これは彼らの宿命のようなものなのかもしれない。

米国株の全面安、米国経済のデフレ突入が確認されるやいなや、今度は猛烈な円高ドル安相場が訪れる。

米国株相場の行方

2028年の底値に5年かけて向かっていくNYダウ

NYダウの月足（**図表2－2**）を見ていただくと極めて美しい。

基本的なピクチャーとしてはリーマン安値2009年3月の6469ドルから19・1年の軌跡を描いて、2028年の4月に大底をみにいく流れである。

この2028年4月というのは、大雑把に言えば米国大恐慌大底1932年7月からの95・5年（正中点2028年1月）というきれいな日柄できている。この19・1年というのは95・5年の5分の1である。

20世紀の大恐慌の底1932年7月から21世紀の恐慌の底2028年までが95・5年というのはまことに美しい天の配剤である。

2028年の19・1年前の2009年3月には19・1年×4＝76・4年すなわち1932年7月の恐慌底からの76・4年（76年5カ月、正中点は2009年1月）の美しい日柄でリーマン・ショックがやってきている。

それで95・5年の最後の5分の1の19・1年のチャートの動きを見ていただいている。19・1年の半分の9・55年をリーマン・ショック安値からみると2018年10月となっており、そこでマイナー高値をみて2カ月後のマイナー安値につないでいる。さらにそこから19・1年の4分の1の4・775年を伸ばすと2023年7月となる。現実には8月1日に3万5679ドルの高値を付けて、最後の19・1年の4分の1である4・775年の旅に出たところである。

つまりこの19・1年サイクルのプライスのトップは2022年1月の3万6952ドルであったが、時間でのトップは、19・1年の4分の3の時間帯で出た今回の2023年8月1日なのである。したがって今回は残された4年半の時間で何度かの上昇下落のサイクルをこなしながらも最終的に2028年まで相場が下がるということがいえる。おそらく2万2000ドル（天井からの下落率40％）あるいは1万7000ドル（天井からの下落率54％）といったところだろう。

本格的な相場下落は本来ならば2023年11月30日開始だが、NY株はNYダウ、S&

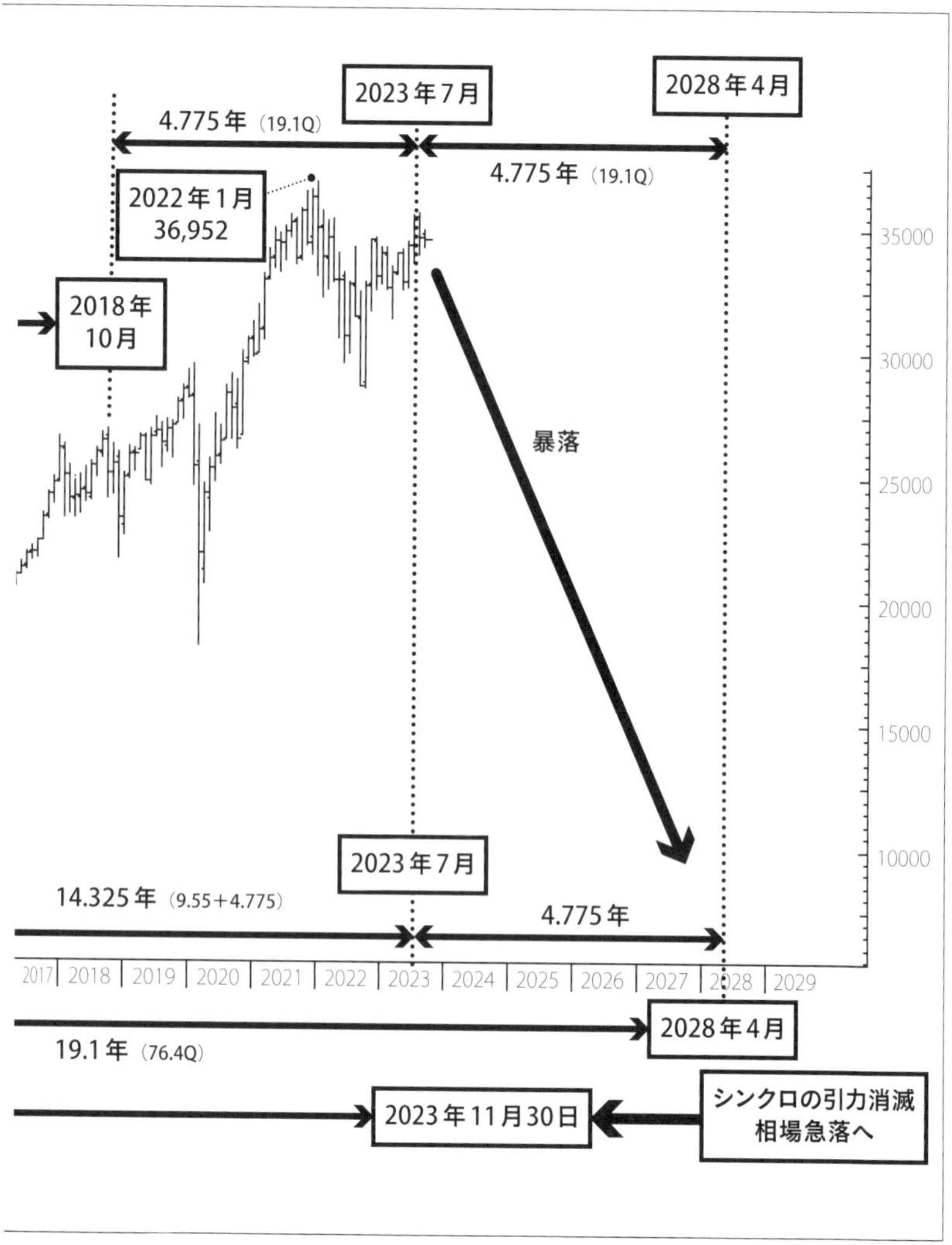
2023年7月
2028年4月
4.775年（19.1Q）
4.775年（19.1Q）
2022年1月
36,952
2018年
10月
暴落
35000
30000
25000
20000
15000
10000
2023年7月
14.325年（9.55＋4.775）
4.775年
2017
2018
2019
2020
2021
2022
2023
2024
2025
2026
2027
2028
2029
2028年4月
19.1年（76.4Q）
2023年11月30日
シンクロの引力消滅
相場急落へ

図表2-2 NYダウ月足（2023年9月現在）

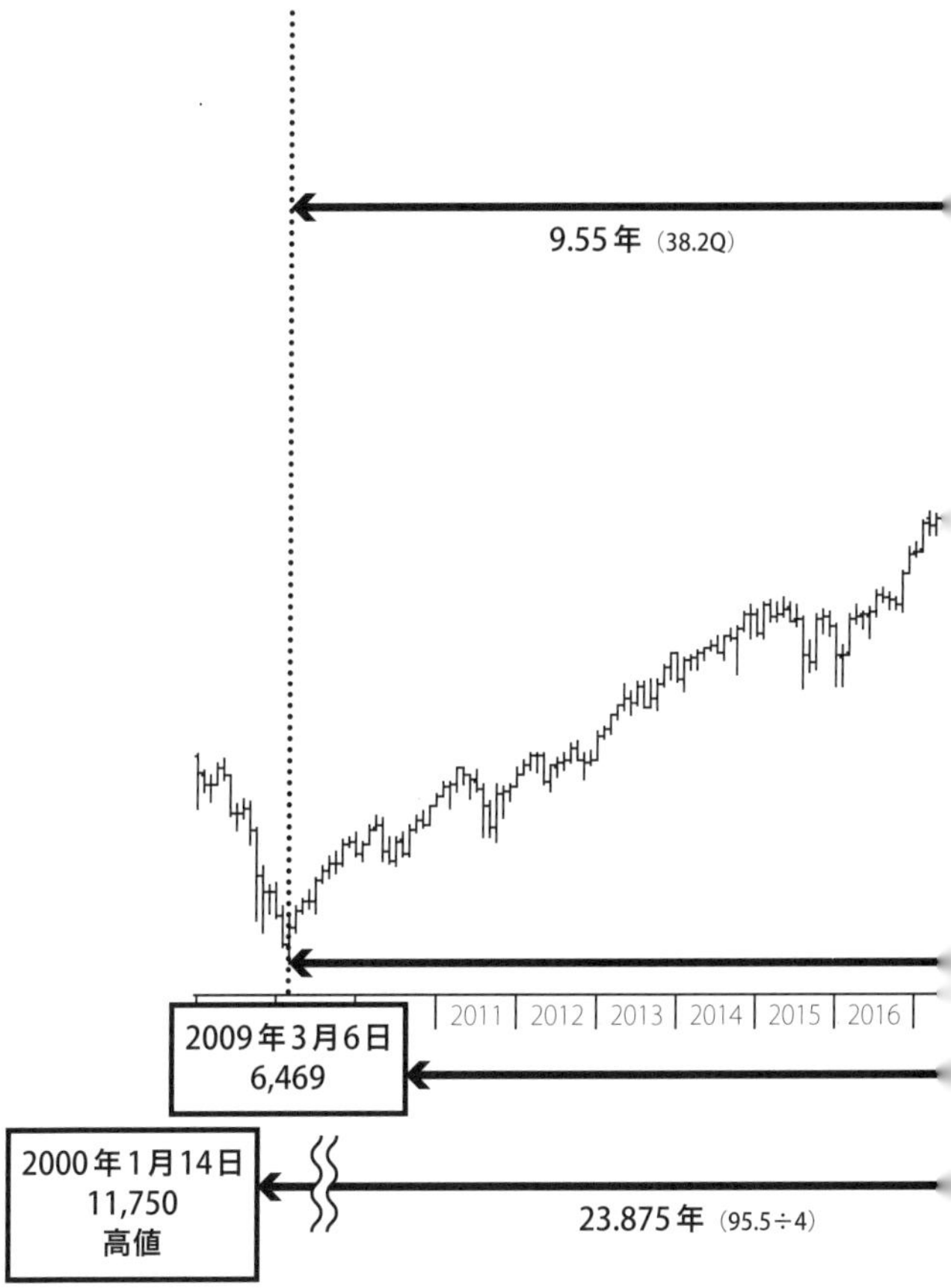

P500、NASDAQとそれぞれが2000年の1月14日、3月24日、3月10日とバブル天井の日柄が違っているので、いちばん遅いS&P500の2000年3月24日の天井からの23・875年でみると2024年2月7日となる。それでみると、遅くとも2月上旬以降は相場急落となることだろう。

第1次のNYダウの下落ターゲット時点は、2024年の10月から11月。これは天井からの短月36・5カ月、2年10カ月にあたるからだ。ただし、NASDAQほどの急落にはならないであろう。

そして、2028年にならないとNYダウの安値は訪れないのではないかと思っている。繰り返しになるが大恐慌時に底値が付いたのが1932年の7月であったからに他ならない。そこから95・5年。95・5というきわめて重要な数字が2028年の1〜4月にあたるわけである。

その2028年とは、ドル円が72〜65円に到達する候補の日柄でもある。米国株がべらぼうに下がって、ドル円が72〜65円になるときが2028年の1〜4月なのかもしれない。

ということで、2022年の1月に天井を打ったNYダウは2028年の1〜4月まで6年かけて落ちていくはずで、これはけっこう長い道程だ。この長さを鑑みると、NYダウの下げはおそらく暴落パターンではなかろう。だらだら下げスタイルである。

筆者としては言い方があまり好きではないが、これはスタグフレーションのような状況なのであろう。だとすると、景気は芳しくはない、インフレ率はどちらかというと高い。そういうなかで、やはり金利は下げなくてはいけない。だが、金利を下げすぎるとインフレがまた昂進してきてしまう。

それでＦＲＢが節操なく、金利を上げたり下げたりするようになる。

前回バブル破裂を経験した日経平均は天井から底値になるまで13年を要したわけだが、筆者の計算では今回のＮＹダウは、２０２２年のピークから大底まで6年しかかからないことになる。

それでも大恐慌のときのように、2年10カ月の短期で走り切ってしまうのではない。その倍以上の時間をかけての墜落だから、重苦しくて長いベアマーケットが続くことになるだろう。

ＮＹダウ同様の道を辿るＳ＆Ｐ５００

Ｓ＆Ｐ５００の天井は２０２２年1月初めだった（**図表2－3**）。そこから一度下げて、２０２３年7月27日に戻り高値を付けた。そして再度下がり始めている。

このチャートもNYダウと基本的に同じパターンである。2009年3月の安値からの19・1年後の2028年4月に向けて大きな底をみにいく。その19・1年の過程の4分の3の日柄を2023年7月27日の高値4607で費やした。ここからはあと4年9カ月の下げマーケットである。この間3回のベアマーケットがあるものとみている。

一つのベアマーケットが終わると、ウォールストリートの連中は必ず「これで下げ相場は終わった。いよいよ、買い出動の好機だ」と言う。2023年も前半ソフトランディング・シナリオで攻めてきたが、いよいよ怪しげになってきた。9月25日には4302まで下げている。11月初めまで下げて、その後は戻り、2024年2月以降は下げというパターンであろう。

2024年10月あたりを目指す下げだろう。3200〜3500狙いか。これが第2次下げ（第1次下げは2022年10月に終了）のレベルだろう。

ここで重要なのは、いまの金利、為替、株の相場がどこから始まっているか、そこである。これらの相場はすべて、実は2020年3月のコロナ安値を起点としている。

3月9日にドル円、米国長期金利。3月19日に日経平均。3月23日に米国株。これらがみな、ほぼ同じタイミングで底値を付けてきた。

要は2020年3月にコロナ安値を付けて、そこから最後の吹き上げにかかったのだった。

それからほぼ45カ月が経ち、もう本来は下がらなければいけない時期にドル円が下がらなかった。相場だから、余計なことをする人たち、つまりドルを買い込んでいる人たちがいて、彼らが抵抗していたのだろう。けれども、そうした悪あがきは長くは続かない。

米国の株の場合も同様であった。

ずっと45カ月に向けて上がってきて、みなが米経済はソフトランディングと言ったのは実は間違いであった。どこから計るのかといえば、この2020年の3月のコロナの安値からであり、これが相場の最後の棒上げのスタート地点であったのだ。米国株バブルの起点であった。

そこから何カ月が経ったかで、いまの状況がわかるわけだが、それでいくと、米国株の時代はすでに終わった。NYダウは45カ月で終わった。S&P500も45カ月で終わった。金利も落ちている。日経平均も一度天井を付けてから下がり始めている。

コロナ禍において米国政府は何とか景気を支えようと、未曾有のバラマキ政策を行なった。それがバブル膨張につながった。そして、米国政府が投入するマネーが尽き、吹き上げのときは終わった。となると、次に待っているのは何か？　そんな簡単な方程式は誰にでも解ける。

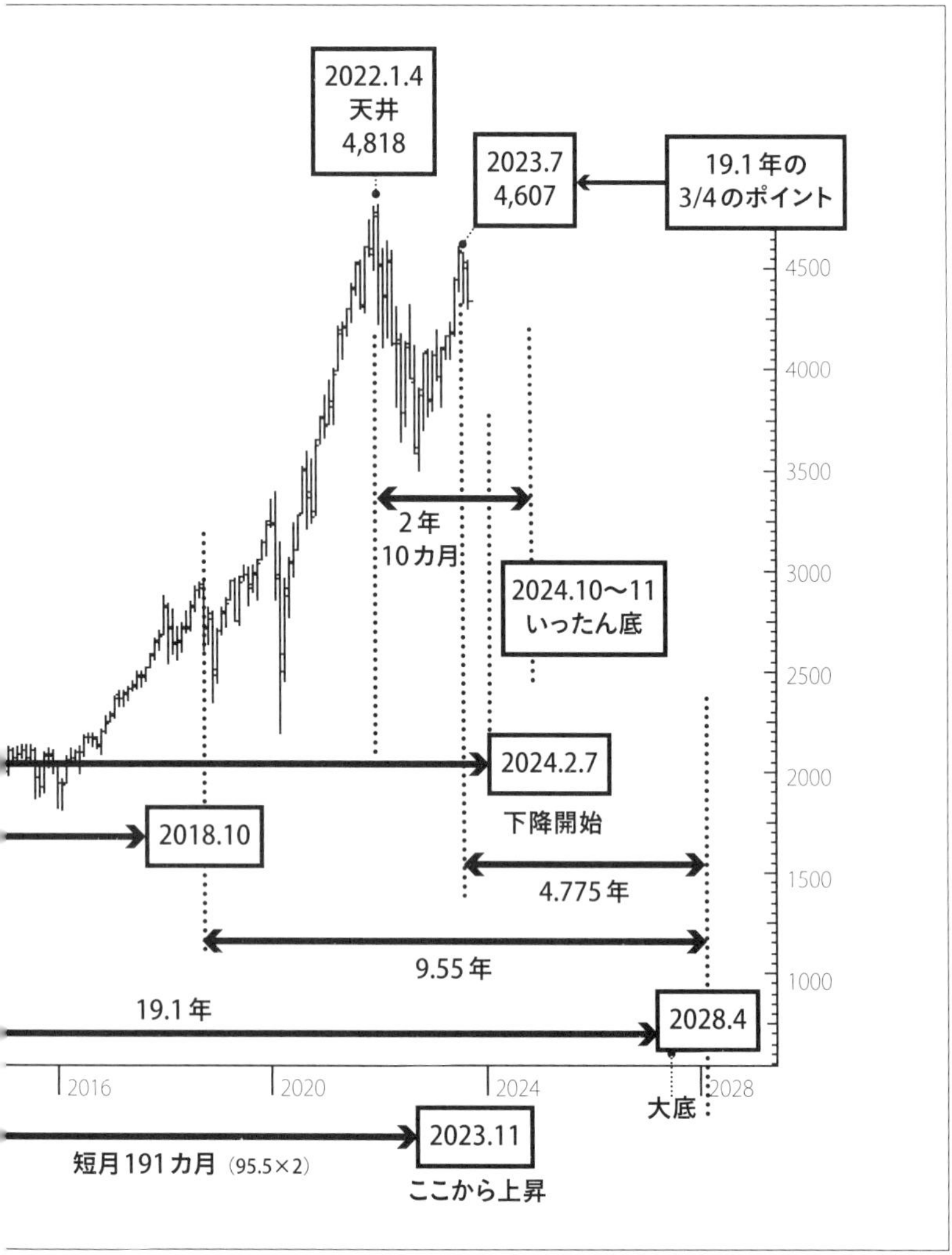

2022.1.4
天井
4,818
2023.7
4,607
19.1年の
3/4のポイント
4500
4000
3500
2年
10カ月
3000
2024.10〜11
いったん底
2500
2024.2.7
2000
下降開始
2018.10
1500
4.775年
9.55年
1000
19.1年
2028.4
2016
2020
2024
2028
大底
2023.11
短月191カ月（95.5×2）
ここから上昇

図表2-3 | S&P500 月足（2023年9月現在）

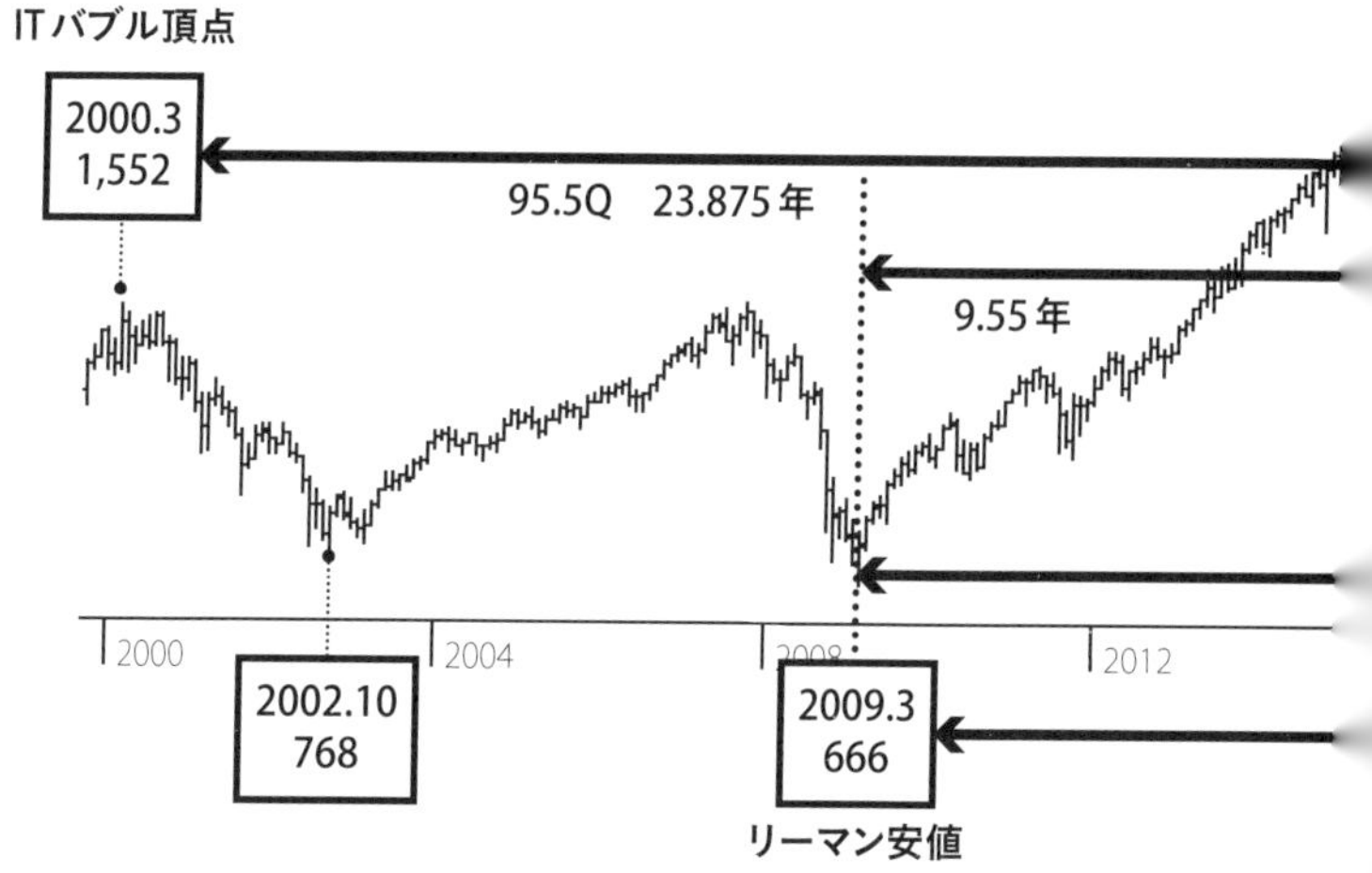

２０２４年の10月までは確実に大きく落ちるＮＡＳＤＡＱ

ＮＡＳＤＡＱについてはどうか。

これは完全にバブル破裂のパターンに嵌まっている、としか言い様がない。着地点ターゲットでみるならば、**図表２－４**の２００２年10月10日のＩＴバブル破裂底１１０８からの短月２８６カ月（95・５×３）＝丸22年ということで、２０２４年10月、大統領選挙たけなわのあたりが有力だ。

それから、２０２６年８月25日。これは１１０８からの23・８７５年、95・５四半期にあたるタイミングだ。ＮＡＳＤＡＱに関しては２０２６〜２０２７年ぐらいまで駄目ではないかと捉えている。

天井を付けたのが２０２１年11月22日の１万６２１２だったので、天井からの81週目の２０２３年６月12日あたりから下げ再開かと予想していたのだが、ここは踏ん張った。いずれにしても天井からの下げ54度チャネルに頭を押さえつけられて下落していく。

計算すると、今度の大きな安値は８７５０から９０００ぐらいであろう。そこまではやってしまうだろう。ＮＡＳＤＡＱはまず間違いなく２０２４年の10月までは下がる。あと

1年くらいだろうか。

筆者の見解は先に触れたモルガン・スタンレーとほぼ同じで、このところ凋落ぶりが甚だしいゴールドマン・サックスは間違っているということだ。

目先の日柄を申し上げておこう。２０２４年の1月24日に向けて上がる。その後、２０２４年の10月６日に向けて下がる、こんなイメージである。

したがって、ＮＡＳＤＡＱは２０２４年1月末から10月初旬まで8カ月連続の急落となるのではないか。

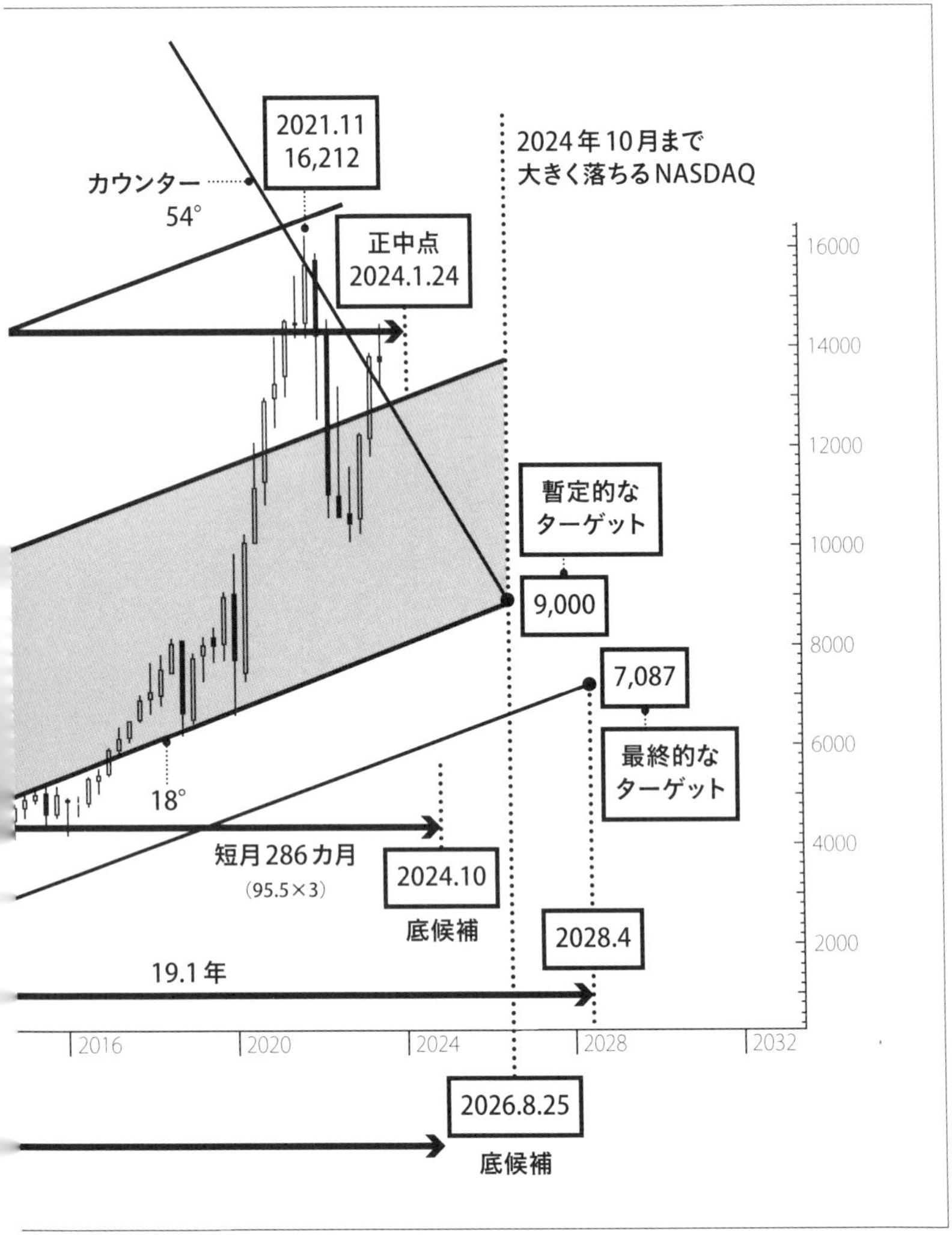
2021.11
16,212
カウンター
54°
2024年10月まで
大きく落ちるNASDAQ
正中点
2024.1.24
暫定的な
ターゲット
9,000
7,087
最終的な
ターゲット
18°
短月286カ月
(95.5×3)
2024.10
底候補
2028.4
19.1年
2016
2020
2024
2028
2032
16000
14000
12000
10000
8000
6000
4000
2000
2026.8.25
底候補

図表2-4　NASDAQ 四半期足（2023年9月現在）

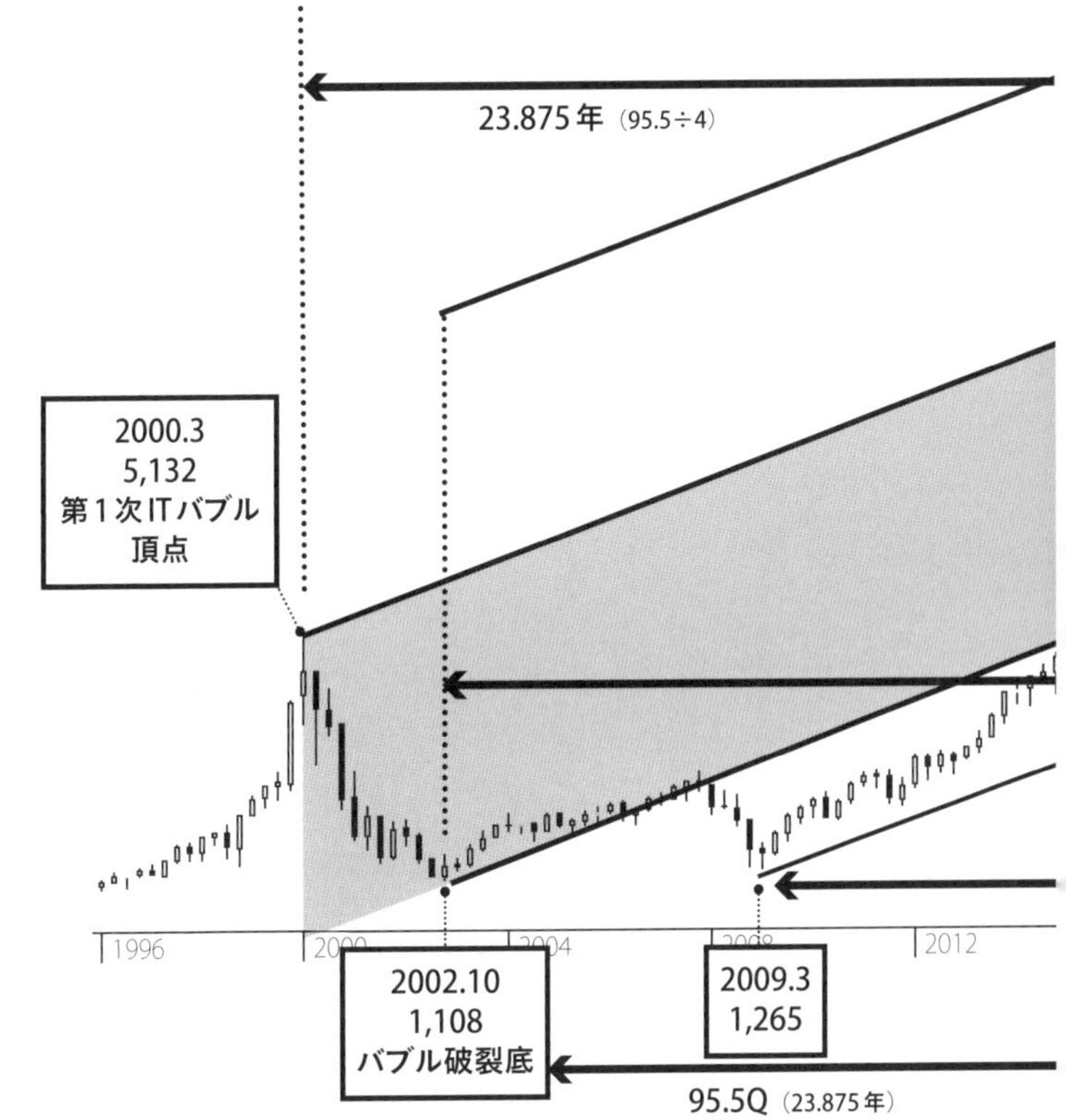

米国の長期金利が示すデフレの到来

長期金利は上げ止まった？

米国の長期金利に移ろう。

米国の金利に関しては、米国債10年物で13・95％となった1984年5月30日が起点だと承知している。この日柄がとにかく際立っている。

説明すると、文明世界において1619年、イタリア・ジェノバで付いた金利がいちばん低かったという記録が残っており、それは1・125％であった。

1600年当時、スペイン、ポルトガルなどはこぞって南米を植民地にし、銀を掘りまくった。銀は通貨そのものだから、通貨の供給量がやたらに増えてしまい、金利が異様に下がっていたのである。

この頃の世界でいちばんの金融先進国はイタリアであった。そこで1・125％の最低金利が生まれた。そこから365年後が、奇しくも1984年5月30日だったのだ。だから、これが金利上昇のピークだろうとみている。

これを起点に据えると、154・5四半期、38・625年後である正中点2023年1月16日に先立つ2カ月半の2022年10月21日に4・335％まで米国の10年物長期金利が上がった（**図表2－5**）。その後いったん3・4％までみた10年物金利は、2023年8月に向けて反騰。8月22日には、前回の利回り高値を抜く4・36％をつけている。

これを長期的な金利水準でみると、1981年9月30日の15・84％が基準となる。その15・84％から黄金律6・18％を減じた9・66％を起点に四半期足の下げ18度線を引くと、165四半期、2022年10月21日の場合は4・322％がその18度線で規定される上限である。実体の高値4・335％は美しくこのラインに抑えられている。

いったん3・4％まで下がった利回りが再上昇してつけた8月22日の4・36％のときは同じく1981年9月からの168期目目の18度線は4・225％である。現実には9月25日に4・55％までつけている。2022年10月の4・335％と9月の4・55％はダブルボトム（金利のダブルトップ）といえるだろう。

もしこの約10カ月のインターバルを置いたダブルボトムが成立すると、当然、金利は大

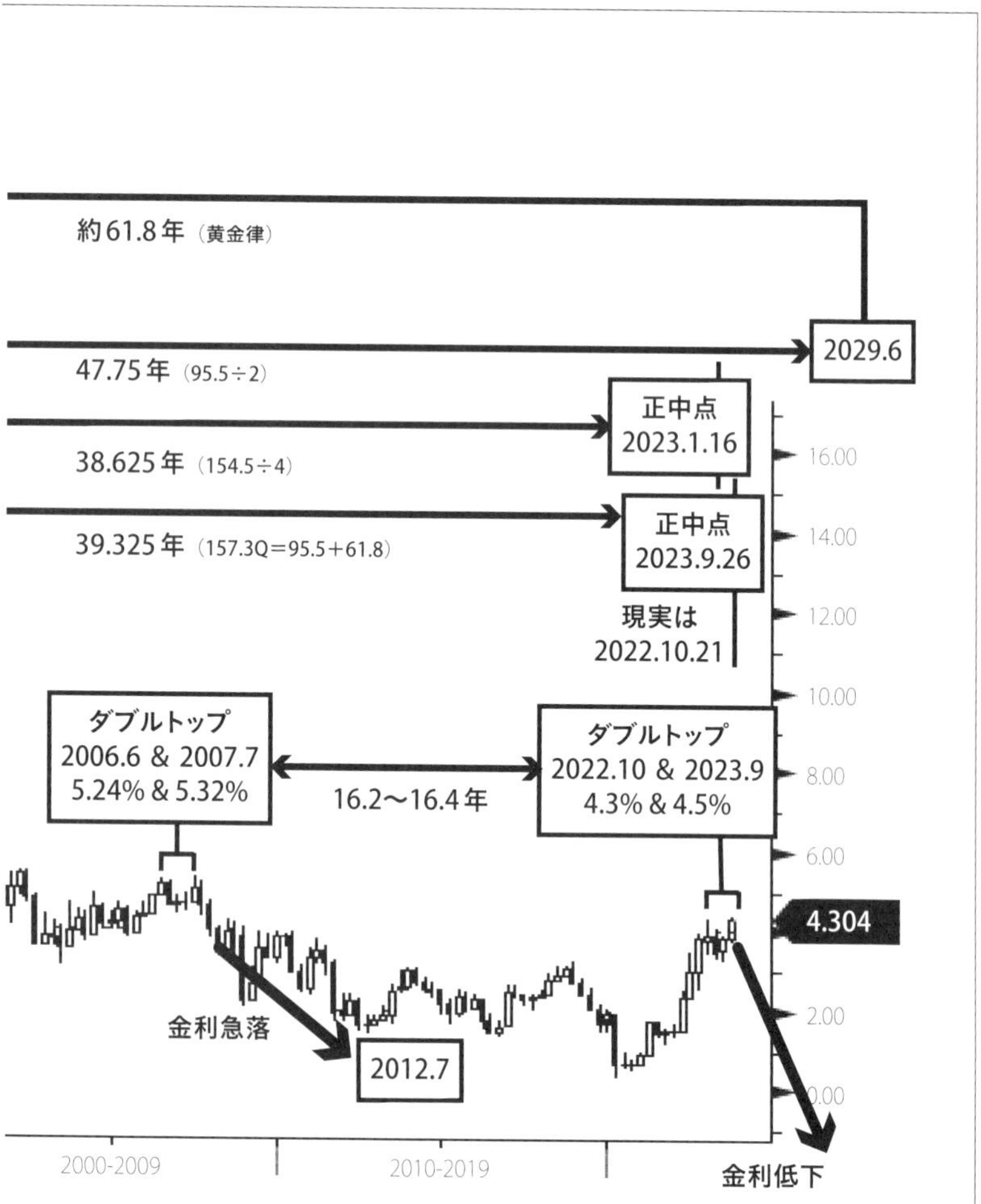
約61.8年（黄金律）
2029.6
47.75年（95.5÷2）
正中点
2023.1.16
38.625年（154.5÷4）
正中点
2023.9.26
39.325年（157.3Q=95.5+61.8）
現実は
2022.10.21
16.00
14.00
12.00
10.00
8.00
6.00
4.304
2.00
0.00
ダブルトップ
2006.6 & 2007.7
5.24% & 5.32%
16.2〜16.4年
ダブルトップ
2022.10 & 2023.9
4.3% & 4.5%
金利急落
2012.7
金利低下
2000-2009
2010-2019

図表2-5 | 米国長期金利 四半期足（2023年9月現在）

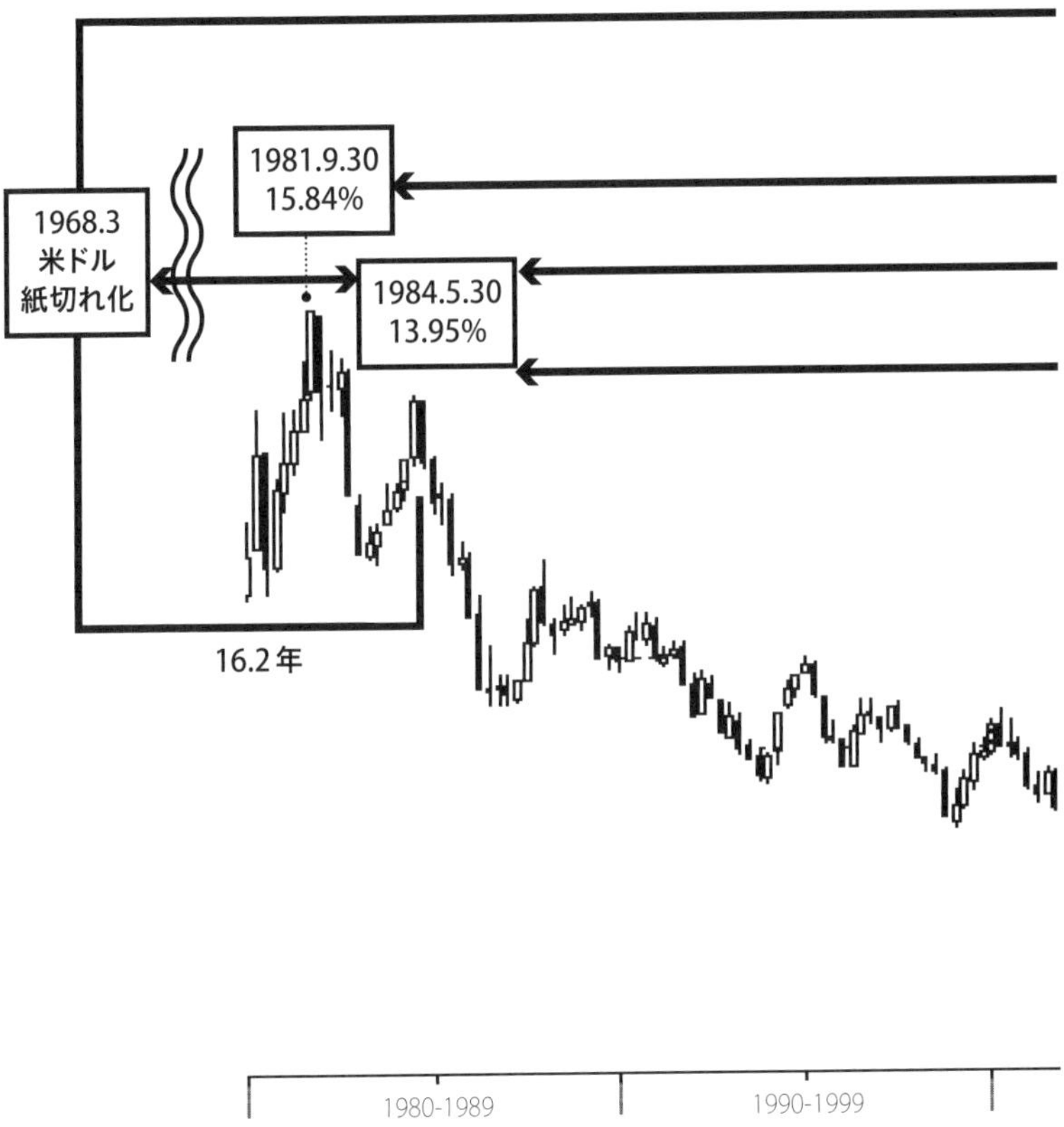

幅下落、債券相場は大幅上昇の形になる。

チャートを少し振り返ってみると同じような現象が２００６〜２００７年に発生している。

２００６年６月の債券相場安値１０４・０1と２００７年７月の安値１０４・１５、利回りは５・２４％と５・３２％とほぼ同レベルである。２０２２年10月は２００６年６月からの16年４カ月、２０２３年９月25日は２００７年７月からの16年２カ月である。ほぼ黄金律16・２年前に債券相場のダブルボトム、金利のダブルトップを示現し、当然、その後は大きく金利低下、債券価格の上昇となった。

その次の金利の着地点は２０１２年７月の１・３７％、債券相場１３５・１９と猛烈な金利の低下となった。

これを筆者風に解釈すると、すでにダブルボトムをみた債券相場は今後５〜６年にわたって、猛上昇して前回金利の底１・３７％をみた２０１２年７月から16年後の２０２８年半ばまで、金利が大低下する。すなわち２０２８年に向けて米国景気が大幅に悪化し、今世紀の恐慌に突入するのではないかとみることになる。

２０２２年10月と２０２３年９月の金利高は、前述した１９８４年５月30日の13・９５％の金利高値からの黄金律１５４・５四半期あるいは38・６２５年の正中点である２０２

3年1月16日である。

その正中点を挟んでのダブルボトムの出現ということである。

今後、16年前の2006〜2007年の債券相場ダブルボトムとそれにフォローする6〜7年に及ぶ金利低下を今回相場がシンクロするならば、2028〜2029年までの金利低下が見込めるだろう。ソフトランディングなどとんでもない、大不況あるいは恐慌が待っている世界である。

その恐慌の始まりとなる日柄は、右記の金利の日柄から類推するとどうなるか。

2007年7月の5・32%の金利高場面から、3カ月後の2007年10月11日に、NYダウは住宅バブルのピーク1万4198ドルの天井をつけ、サブプライム危機、リーマン・ショックを経て2009年3月6469ドルまで54%の暴落を演じている。その2007年10月11日からの16年目が、2023年10月である。

一般的な16年サイクルは黄金律161・8の援用である16・2年、長い場合は16・875年（540÷32）となる。2007年7月の金利高値から16・2年目の2023年9月からみると、NYダウも2007年10月の天井からの16・2年の2023年12月からの本格的下落が考えられる。

さらに2023年12月は、2000年1月14日のNYダウITバブルピーク1万175

0ドルからの黄金律95・5四半期（23・875年）正中点は2023年11月30日となる。

ITバブルピークがより典型的なNASDAQの場合はバブル天井が2000年3月10日の5132であったので、23・875年の正中点は2024年1月24日までずれる。

いずれにせよ2023年12月から2024年1月のあいだは2000年以降の強烈な相場天井からの二大日柄、16・2年と23・875年が同じ時期に着地する猛烈な相場シンクロの極致である。

そこから米国経済の恐慌への流れが始まるのではないかとみている。

2006〜2007年の金利5％台のダブルトップからの金利急降下は2012年7月の1・37％まで約5年間継続する。

今回も2023年9月からの5年間とすると2028年後半に向けての金利低下、すなわち2012年7月からの16・2年目のサイクルと整合するのである。

以上の考察からすると、2023年12月あるいは2024年1月から始まる米国経済21世紀の恐慌は4年半に及ぶ株価下落と大恐慌の株価下落2年10カ月に比べると長いが、日本の13年4カ月の株価下落よりはましだろう。

なお2028年の今回恐慌株価底値のタイミングは、恐ろしいことに1932年7月の大恐慌底値40ドルからの黄金律95・5年の正中点である2028年1〜2月と整合する。

20世紀と21世紀の恐慌が95・5年（18度線上の100年）の時空を経て見事に顔合わせすることになる。これは偶然なのか宇宙のルールなのか。

20世紀恐慌では89・6％の株価暴落をみたが、21世紀版はどの程度になるのか。

米国金利が下がり始める時期に要注意

先ほどのチャートを見てもわかるように、実体的には長期金利はほとんど動いていない。2022年10月の4・3％の10年物の金利を高値として、3・3％まで下落して、2023年7月に一度4％に乗ってきた。

1981年9月の15・84％の金利高値からの下げ18度チャネルの下限はきわめて大事な数字なので、そう簡単に上に抜けることはない。2023年9月25日に10年債利回りが4・55％という高値をつけたが、これは誤差の範囲内であり、大きく相場が変転する際は、若干禁断の領域に踏み込み、一般大衆をだましたうえで反転するという慣例の実践ということだろう。

それは先刻申し上げたように、FRBが1年間で5％も金利を上げたツケを払わされる状況に米国経済が追い込まれていく時期が訪れるからである。

金利が下がり始める時期には要注意だ。

本来の米国の恐怖であるデフレの世の中に入っていく始まりの時期と重なるからである。

米国の地方のリジョナル・バンクスの苦境

2023年3月、突如、シリコンバレー銀行など3行が取り付け騒ぎで破綻退場を余儀なくされた。

これに対するFRB以下金融当局の態度はまったくお話にならないお粗末さであった。そもそも1年間で金利を5%も引き上げておきながら、傘下の金融機関のマチュリティー・トランスフォーメーションの惨状をまったく把握できていなく、検査にもろくに手を付けていなかったことが判明した。

金融機関は短期借り、長期貸しのマチュリティー・トランスフォーメーションが基本のビジネス・モデルである。短期金利が一気に5%も上昇すると、銀行は短期借りで高いマネーを調達（低い金利の預金は流出）する一方で貸し出しのほうは低い金利のままという状態に置かれる。

低金利時代に余資を大量の債券投資に振り向けていたシリコンバレー銀行は、金利上昇による債券価格の急落でバランスシート上の痛手を受けた。

しかし、債券は基本的には期日までホールドすれば100％で戻ってくるので、債券価格の下落による損失はペーパー・ロスで実損ではない。ところが低利の預金が大量流出し始めると、銀行は資金調達に窮し、市場で保有債券を売らざるを得ないところに追い込まれた。その結果ペーパー・ロスは実損になってしまった。

その損失の実態がSNSで一気に世間の知るところとなり、預金流出が加速し、たった3日間で破綻に追い込まれた。

破綻した3行の、預金保険対象（25万ドル）を超える預金者の救済が政治問題になる。預金保険対象以上の預金は預金者の責任で損失は預金者自身が被るというのが、米国預金保険制度の原則である。ところが政治的なバックラッシュを恐れた金融当局は、議会に諮ることもせずに、うやむやに政府が全額補填したのである。

2008年のリーマン・ショックに際し「TOO BIG TO FAIL」として巨大金融機関を税金（タックスペイヤーズ・マネー）で救済したことは、金融当局の大きな失敗であり、その後、議会で同様の事態が起こらないようにドッド・フランク法が成立したが、トランプ政権時、共和党の圧力で法律の力は緩められウォーター・ダウン（水で薄められた）レジスレーション（立法）となり、今回の政府全額補償につながったのである。

地方の中小金融機関は今日も預金の流出が続いている。

米国で1年間に1兆ドルのM2減少をみていることでも明らかである。

商業用不動産の不況

これらの中小金融機関を襲う危機はまだ収まっていない。

米国型の商業施設として、一時、米国小売業界を席捲した全国展開のショッピング・モールは、いまや集客力が落ちて、2016年以降でこれらの商業用不動産の価値は44%下落したといわれている。これは業界では周知の事実で、スロー・メルティング（ゆっくりした恐慌）と一部金融専門家のあいだで呼ばれてきた。それが2020年の感染症の大流行でさらに痛手を被ったことはいうまでもない。

感染症の被害は一部商業用不動産の業界にも及んでおり、オフィス用のビルディングの不況が深刻になりつつある。

一般的な米国の銀行の、平均的なバランスシートでみると、38%のアセッツが商業用不動産のモーゲッジ（住宅抵当）といわれている。とくに2008年以降は大手の銀行が不動産貸し出しを控えた結果、地方の中小銀行が商業用不動産貸し出しに力を入れた。銀行の商業用不動産に対する与信は3・6兆ドルといわれている。これは彼らの預金残高の20％に上る。2015年から2022年のあいだに2・2兆ドルの増加である（これらの数字はWSJによる）。

一方、オフィスビルの価格は2022年初めからでみると25％の値下がりとなっている。感染症による出社制限でホーム・オフィスが圧倒的に増え、いまや米国の週5日働くオフィス・ワーカーの3分の1は、自宅からの労働となっている。

その結果、たとえばNYシティーではコロナ前の水準の41％しかオフィスの稼働がなく、ガラガラのビルが溢れている。NYのオフィスビルの値段は今年50ビリオンドル（約7兆円）値下がりするといわれている。

なおこれから2～3年のあいだにこれらの商業用不動産のモーゲッジの更改で、1兆5000億ドルが低金利から、いまの高金利に切り替えられるといわれている。

すでに相当苦しい業界は、さらにこれから状況が悪化することになる。当然、業界では倒産が増え、その結果リジョナル・バンクスが、危機に陥ることは明らかである。

住宅用不動産は、高金利でそれほど被害を受けていない。というか、圧倒的に数の多い、既存住宅の売りが出ないのでマーケットは買いが目立ち、住宅価格は下がらない。

なぜ売りが出ないかというと、圧倒的多数の住宅は、低金利の時代、住宅ローンの40％

を占める長期フィックス（15～30年固定金利）が3％台でファイナンスを受けているからである。いま住宅を売りに出すと、買い替え時に7％を超えるローンを組まされる。ということで、安い金利のモーゲッジを放棄する、既存住宅の売りは出ないのである。

それがどうして困るかというと、3％の固定金利で住宅ローンを組んでいる銀行が、現在の調達金利との逆ザヤをもろに被っているわけである。

隣国カナダでは固定金利は5年までと決めて、銀行が過大な金利変動リスクに遭わないような政策をとっている。

米国は30年固定まであり、銀行は巨大なリスクを負っている。金利が下がって住宅の売りが大量に出てくると、いまの住宅価格の水準が維持できるのかむずかしいところである。

いずれにせよ、高金利なら銀行は逆ザヤローンで苦しい、金利が低下すると今度は売り手が一気に出てくることから住宅価格が下がる。担保価値は落ちるというどちらに転んでも苦しい状況に追い込まれている。

COLUMN

デフレのどこが悪かったのか？

物価は上がらず、通貨は強いし、海外旅行にも行きやすい。海外企業の買収も有利だし、金利は安い。デフレのどこが悪いのか等々、現象面からデフレを礼賛していた人たちがけっこういた。読者諸氏の周囲にもいたかもしれない。

だが、デフレのせいで借金が実質的に増えて塗炭の苦しみに喘いでいた企業、個人も多くいた。また、低金利のためにいくら銀行に預金しても利息は数円、数十円単位とほとんど付かず、2000兆円の個人金融資産は一向に増えない。

原理的な観点からみると、資本主義国として資本蓄積が十分に進んだ日本のような先進国において、デフレが発生するのはきわめて弊害が大きい。

それは、「デフレ下では何もしない人が良い目をみる」という、資本主義にあるまじき現象が発生するからに他ならない。

資本主義の優れている点は、資本蓄積が進むと資本の再生産で、さらなる資本蓄積が促されることである。資本主義の下では個人がいったん金持ちになってしまうと、どんどんお金がたまって、さらにお金持ちになることがある。

　もちろん、日本のように相続税が高い国では、税金により資本蓄積が中断されることから、欧米ほどではないとはいえ、原理的には資本主義は資本を持っている人には有利なシステムとして働く。

　したがって、資本主義の下ではいったん資本を蓄積すると、その資本を投資に回し、カネに仕事をさせてカネを増やすという再生産のサイクルが発生することになる。もちろん、これの行き過ぎは災厄を招くことになるのだが、ここではあえて関知しないことにする。

　ところが、デフレになると、このカネの再生産が止まってしまうのだ。なぜなら、デフレ下においては、投資は原理的に失敗するようにできているからである。

　デフレ経済の下では、物価が下落する。物価が下落するということは、カネのほうからみると、カネの価値が上がっていることになる。カネに仕事をさせなくても、持っているだけでキャピタル・ゲイン（値上がり益）を得られるのだ。

　たとえば、1995年から2011年までの17年間で、GDPデフレーターでみたデフレは累積で18％に達していた。要は、現金を17年間押し入れに隠していただけで、累積18％の値上がり益を享受したことになっていた。

　こんな環境でこのカネを再投資に回すということは、すでにデフレで利益を得ているのに、さらに稼ごうとするわけだから、相場の神様としては、それはあまりにも強欲だとする判断を下した。

　したがって、短期回収の投資は別として、長期投資はデフレ時代にはそぐわず、一般的に投資実績も芳しくない。このように哲学的、原理的に儲からないようにできているのである。蓄積した資本は一向に増えないし、場合によっては減ることもある。そうなると、投資が停滞し、国全体の経済活動が低下する。これがデフレの最大の弊害であろう。

逆にインフレの時代を考えてみよう。

インフレ時代は物価が上がる。物価が上がるということは、カネの価値が落ちるということだ。すなわち、カネは持っているだけだと、インフレ分だけ減価してしまう。キャピタル・ロス（値下がり損）を被ることになる。

そのキャピタル・ロスを埋め合わせするために、インカム・ゲイン（利息、配当収入）が高くならざるを得ない。当然、インフレ時代には、現金の価値を維持するために一生懸命投資をする必要がある。

これからは、また長期投資が報われる時代となろう。

第3章

インフレ率を警戒しすぎる FRBの危うさ

THE ULTIMATE PREDICTION

米国の現状は「似非インフレ」である

高名な経済学者の間違った理解

2023年9月12日のNYタイムズに、常任寄稿者のポール・クルーグマンの寄稿文が掲載されている。

クルーグマンはノーベル経済学賞の受賞者で高名なエコノミストである。そもそも経済学賞なんてものはノーベルの時代にはなく、後世に勝手につくったものである。およそ経済学ほどダメな社会科学はないと筆者は考えている。そのようなものでノーベル賞をとっても少しも尊敬に値しないのである。なんせ学問そのものがいい加減でほとんど何の役にも立たないものだからである。

それはさておき、寄稿の内容は、「米国経済は奇跡を成し遂げつつある。インフレ退治に成功しながら、失業が増えない状態である」とし、これを「nonlinear Phillips curve」とわけのわからない言葉を使って証明しようとしている。それが奇跡的に成功しつつあるというものである。

筆者は今回のインフレはまやかしの似非インフレとみている。したがってすぐインフレなど消えて、すぐデフレの時代がやってくるという考え方であった。

だから似非インフレに惑わされて1年間に5％以上も金利を上げてしまうFRBを愚かな中銀とみてきた。予想以上のスピードでディスインフレが進行中なのは、我々がデフレの始まりを経験し始めているからだろう。インフレをやっつけたと祝杯を挙げると、実はデフレの始まりでもっと厄介な経済状態に追い込まれる形である。

これから起こる米国株安と米国金利低下の共存は、いままでの株式の金融相場では考えられない事態である。しかしデフレ経済下ではこの株安、金利安が当たり前のように共存する。

日本のデフレで、株安、金利安が13年も併存した記憶は新しい。ディスインフレだから、金利が低下し、ソフトランディング、その期待で米国株が上がるというのはまったく違うのである。

デフレで企業業績が低下し、業績相場的に考えても株安が進行する。

当たり前のことだが、いまはまだインフレ退治の最中なので、impending（差し迫る）デフレ・クライシスに思いが及ばないというのが、ＦＲＢやクルーグマンたちエコノミストの未熟なところだろう。

筆者の考え方は、１９６８年3月の米ドル紙切れ化（米ドル発行に金の裏付けを不要とする法令施行）から黄金律54年目の２０２２年は、ＦＲＢが恣意的にドルを印刷し始めて54年というこことで、ＦＲＢのパーフォマンスの総決算の時間帯に入るというものである。絶え間ない資産インフレを推し進めてきたＦＲＢは、２０２２年初に米国株の天井をみた。

さらに突如として起こった似非インフレに騙されて、短時間で急速な利上げをやったことからリスク資産から非リスク資産への資産シフトが起こる。

その流れはデフレになって金利が下がり始めても逆転せず、日本のデフレ時代と同じく現金がいちばんというデフレの罠に取り込まれてしまうのだ。

そもそも資産バブルが破裂した後、すぐ実物インフレになるというのは例もないし理屈にも合わない。資産バブルでマネーの価値が暴落した反作用として実物インフレでさらにマネーの価値を下げるというのは理屈に合わないだろう。マネーの価値が暴落した後は、マネーの価値の暴騰が反作用として起こるはずだ。すなわちデフレである。

筆者は経済学を勉強したこともないので、理屈に自信はないが、言っていることは間違いないはずだ。

ＦＲＢが似非インフレに騙されたのは、金利を上げてデフレの引き金を引くための小道具として使われたということだろう。

言ってみれば、インフレは一時的な目くらましで、エコノミストを欺き、奇跡的なインフレ退治と称賛を浴びせる愚行を呼んだのである。

肌感覚で景気が悪いとわかる

２０２３年８月中旬。米国の名だたるメディアはこう伝えていた。

「このところ米国のインフレ率が急激に鈍化し、ほぼ２年ぶりの水準に低下した。これは生活費危機の終了のサインであり、そしておそらくは米金融当局による歴史的引き締めの終わりに向けて大きな一歩となろう」

また、こんな報道も目を引いた。

「６月の米消費者物価指数（ＣＰＩ）上昇率は前年同月比３％で、１年前に付けたピーク時の３分の１の水準にまで落ち着いた。コアインフレの主要な指標も予想を下回るなど、統計の詳細もインフレ抑制の進展を示す内容だ」

しかし、本当に米国の景気が良くてインフレなのか。

筆者の棲み処から200メートルほど先にあるブロードウェイは、マンハッタン島を北から南に斜めに貫く大通りである。北から南まで繁華な商店街で有名だ。ミッドタウンのブロードウェイは劇場街として有名だが、その他の地域は商業街である。そのブロードウェイを歩いてみると、多くの商店がシャッターを下ろしており、人通りは実に寂しい。ガラガラというのは大仰かもしれないが、虫食い状態が酷く目立つ街に成り下がってしまっている。さらに繁華なミッドタウンに足を延ばしてみても、その姿はブロードウェイと大差ない。それくらい寂れてしまっているのである。

NYの様子をみるかぎり、筆者自身の肌感覚として、米国の景気が良いと伝えるメディアの話はとうてい信用できない。

それから昨今、米国の物価高についてさまざま取り沙汰されているが、工業製品の分野に目を向けるとけっこう値下がりしており、メディアの報告とはチグハグ感が大きい。

現実にNYに住む筆者が心配しているのは、インフレではなくデフレである。

ご案内のとおり、不景気が先行する中国は大型消費がまったくふるわず、実質デフレ状態に突入している。それを横目に、実はFRBが恐れなければならないのも同じデフレなのである。

たった1年間で5％（現時点では5・25％）も金利を上げて、景気が悪くならないはずがない。通常ならべらぼうに景気が落ち込んでも仕方がなかった。

そうしたなかで景気をそこそこ維持してきたのは、盛大に予算を付けて、景気を落ち込ませぬよう頑張ってきたからだ。それでもやはり、1年間で5％も金利を上げた米国経済には、間違いなく悲惨な将来が待ち受けている。

筆者が言いたいのは、ここまで頑張っていると、後が怖いということだ。

景気は循環するものだから、ゆっくりと落ちるのは構わない。理に適っている。けれども、景気を落とさずに頑張っている時間が長引けば長引くほど、その後の落下速度に一気に弾みがつくわけである。その衝撃度合いはいかなるものになるのか。

それが誰の目にもわかるのが、2023年の終わりから2024年の初めにかけてであろう。

ピントがずれているパウエル議長の物言い

いまは国際金融が激変している最中であるが、そもそも国際金融における最大の転換点とは何だったのか。

それは1968年3月に行なわれた米国議会による連邦準備法の廃止だった。要は、米ドルは金準備によりプロテクトされなくなった。米ドルがゴールドの後ろ盾を失った「米ドルの紙切れ化」であった。

そこから、だいたい13年半ごとのタイミングで、さまざまな事件が起きた。

13年半後の1981年9月には、米国の金利がピークを打った。米国のインフレがピークに達したからだった。長期金利の10年物が15・84%、短期金利は21%にもなった。これを天井に2020年3月の0・31%（10年物）まで金利はずっと低下し続けていった。

米国金利がピークとなった13年半後の1995年3月から、米国株上昇が加速し始めた。続く4月にはドル円は79円75銭の超ドル安・超円高となった。

次なる13年半後の2008年9月15日には、あのリーマン・ショックが発生した。

さらに13年半後2022年1月にはNYダウ、S&P500の株価が天井を付けた。2022年3月、米ドルの紙切れ化が決まってからちょうど54年後、FRBによる政策金利の棒上げが始まった。利上げは10会合連続で行なわれ、わずか1年間で0%から5%まで上昇するに至った。

これはどういうことなのかというと、景気後退、金融不安が懸念されるなか、FRBはインフレの抑制を最優先したわけである。

筆者はＦＲＢのパウエル議長の記者会見を幾度かＣＮＮで見てきたが、はっきり言って、彼はあまり金融についてわかっていない。要は、ピントがずれているわけである。

パウエル議長はこういう言い方をしていた。

「米国のインフレ率が２％にまで下がらないと、我々は次のアクションを起こせない」

そうでない限り、ＦＲＢの理事たちが維持する利上げの気運は依然として続くとの示唆があった。そこで市場の織り込みが進んだ。

筆者はそんなことはないと思った。

ＣＰＩインフレ率が昨年６月の９％から落ちてきて、ようやく４％まできた。なぜ一段とインフレは鎮火しないのかとする問いかけに、パウエル議長は米国の雇用が好調だからだという理由付けを行なった。ということは、いま以上に雇用が悪化しないと、これ以上のインフレ率低下は望めない。したがって、雇用を悪くするために金利を上げないといけないのだと。こういうおかしな言い分になってしまっているのだ。

インフレを本格化させたＦＲＢのていたらく

政策を誤っているＦＲＢ

そもそも米国がインフレ対応に出遅れたのは、パウエル議長の判断ミスがあったからに他ならない。これは満天下に知れ渡っている事実である。

米国で本格的にインフレ率が上昇してきたときに、彼は「今回のインフレは一過性に過ぎない」と頑なに認めようとしなかった。そして、その言葉をしぶしぶ覆したのは、２０２１年11月であった。

しかもである。それでもＦＲＢはインフレ対策に本腰を入れることはなかった。その後４カ月間もＦＲＢはゼロ金利と量的緩和策を変えようとしなかった。

要は、米国経済をほったらかした。怠慢の極みであろう。

だからこそ、FRBはその後1年間で政策金利を5%も上げるハメになったわけで、パウエルはその責任を問われても致し方ない立場にあるといえる。

7月7日、米国の6月分の雇用統計が発表され、非農業雇用者増加数が20・9万人と予想をやや下回った。失業率は3・6%と前月の3・7%から低下した。一方、CPIの伸び率は3・0%で、12カ月連続で伸びが縮小した。

この発表を受けて、日本の知人や投資家から、問い合わせが殺到した。

「米国では景気が悪化し始めていて、物価も安定しているにもかかわらず、FRBは年内あと2回利上げをする可能性があるといわれるが、このあたりはどうなのか？」

筆者はこう応じた。

「FRBはやはり人間の集団なので、間違いが多い。だから、一過性で収まると主張していたインフレが、結果的にFRBが困るレベルまでリスクが高まってしまった。いまとなっては、米国の長期金利がこれ以上、上がるかどうか。このことのほうが重要である」

この点については後述するが、いずれにしても、FRBがさらに金利を上げることは、米国後世の歴史家に言わせるならば暴挙であろう。それが何を引き起こすのかといえば、米国のデフレに他ならない。

今後ＦＲＢを困らせるものとは何か？

６月分の雇用統計とＣＰＩ発表を受け、ニューヨーク・タイムズを筆頭に米国のメディアは呑気なもので、「これでインフレは収まったのではないだろうか、やれやれだ」というのが大方の論調であった。

だが、世の中はそう簡単には進まない。

すると次に考えなければならないのは、１年間に５％も金利を上げた弊害がどこに出てくるのかだろう。こうも暴力的に金利を上げ下げして、世の中がうまく回るはずがないというのが道理であるからだ。

となると、今度は何がうまくいかなくなるのか。それは金利乱高下の反動がもたらすデフレである。

本来はそんなに金利を上げてはいけなかったはずなのに、ＦＲＢはインフレに慌てふためいて、１年間で５％も金利を上げてしまった。

利上げ効果をまったく顧みる時間もないままに、ひたすらマーケットに押されて金利を上げたのがＦＲＢの間違いであった。あるいはパウエル議長の愚行であった。

時計の針を戻すと、米国がデフレになりかけたのは、2008年9月15日に発生したリーマン・ショック時であった。2023年7月、あのときからちょうど59四半期目（14年9カ月目）に入ってきた。

先に触れたとおり、相場には〝シンクロ現象〟なるものが存在しており、それはある一定の時間に達すると、以前とまったく同じことを繰り返すわけである。

知ってのとおり、リーマン・ショック時に米国株価は6カ月で半分になった。暴落がどういう形でやってくるのかは明確にはわからないが、米国株については今後、当分のあいだは下がる。

NASDAQなどは時折、思い出したように上昇を見せるが、結局、巨大IT企業の株価が滅茶苦茶に上がっているだけで、他はほとんど動いていない。要は、インデックスは上がっているように見えても、その中身は非常に脆弱である。

したがって、これからは金利が下がるから株が上がるのではなくて、株が下がるから金利が下がるという、主客転倒の流れに入ってきて、米国経済はスローダウンというか、長期低迷の流れに絡み取られていくのだろう。

とにかく筆者は、エコノミスト集団であるFRBが、そんなにうまく世の中を回せるはずがないと捉えている。

その端的な例が2023年3月に発生した、シリコンバレー銀行など米国の中小銀行の連鎖破綻だった。

いまは少し騒ぎが収まっているようだが、結局、デジタル時代に横たわる本質的な問題は何も解決されていない。引き続き、米国内の中小銀行から預金が引き出されている。

そこでFRBは、これからは大銀行に対しても規制を強化すると宣している。要は、放漫経営の締め付け強化だ。ということは、これからどんどん景気が上向きになっていく風向きではないことだけは誰にでもわかるはずである。

FRBは過去致命的なミステイクを何度も犯している。2023年8月のジャクソンホールでのパウエル議長の演説もその一つに数えられることになろう。

この種のミステイクは、不思議なことにある黄金律の時間を経て繰り返されることが多い。今回もまさに絵にかいたような美しさである。

今回のジャクソンホールスピーチを聞いて思い出したのは、2003年6月のFOMCである。この2003年という時代は、日本経済がデフレに呻吟し、最悪の実体経済のもとに2003年4月の日経平均安値7604円をみたときである。悲惨な日本の状況をみたFRBは、グリーンスパン議長の提唱により米国にもデフレーションのリスクはあると宣言、2003年6月のFOMCの議事録で初めてDの字が現れたと話題になったときである。Dはもちろんデフレーションのことである。

デフレーションを防ぐために金融を緩和的に運営するとして短期金利の下げを始めた。しかし、現実にはデフレの懸念は杞憂に終わり、景気は徐々に回復、むしろ緩んだ金融により、バブルの醸成が続いた。

このときは住宅バブルである。その住宅バブルをファイナンスしたのが、サブ・プライムローンと呼ばれるMBS（Mortgage Backed Securities、住宅担保保証券）である。このMBSをすべてAAA扱いで大量に発行したことから、現実には玉石混淆のものだったことによるデフォルトが頻発、リーマンブラザースの破綻から恐慌一歩手前まで突き進んだのである。

2003年6月の、ありもしないデフレにおびえたFRBの失敗が住宅バブルからリーマン・ショックの遠因となったのである。

時が移ること20年2カ月（81四半期）の2023年8月、FRBのパウエル議長はありもしないインフレの長期化を警告、さらなる金融引き締めを容認する姿勢を示した。

2003年6月のアナロジーを使うと、当時はありもしないデフレにおびえて間違った金融政策を採用したが、今回はありもしないインフレ長期化におびえて、必要以上の金利高騰の継続を主唱することで、実は次なるリスクのデフレの引き金を引いてしまうということだろう。

その両者の過ちが、20年2カ月すなわち81四半期の黄金律の日柄を隔てて顕現するなど、ＦＲＢの運命は宇宙に翻弄され、今世紀の恐慌に引きずりこまれるということだろう（黄金律は宇宙のルールである）。

筆者は、そもそも２０２２年１月に終わった資産インフレの終焉の直後に実物インフレが出てくるのは、どうも嘘くさいと思っていた。似非インフレはまさにＦＲＢに恐慌の引き金を引かせるための小道具であり、本番は１世紀に１回のデフレの登場なのである。

米ドル紙切れ化が起こり、ＦＲＢが政府の金残高を顧慮せず、ドルの印刷を主体的に演じることが可能になった１９６８年３月からの54年目に天井を付けた米国株は、これからバブル破裂で、ＦＲＢの誤った政策の総決着であるデフレに足を踏み込んでいくのである。

FRBと日銀の違い

理不尽なタスクを与えられているFRB

ところで、米国の中央銀行にあたるFRBと日本銀行との最大の違いとは何か？

それはFRBが雇用とインフレを両睨みしながら、この2つともうまく料理しなければならないデュアルマンデート（雇用の最大化と物価の安定）が建前であることだ。

ちなみに日銀のマンデートについては、インフレの抑制のみが設立の文言に謳われている。

つまり、雇用の最大化については何も触れられていない。どんなに景気が悪かろうとも、日銀にはインフレをやっつけることのほうが大事なのである。

逆に言うと、FRBは実現不可能というか、実に理不尽なタスクを与えられていると言っても過言ではない。

それでいて、いまのＦＲＢは物価の安定（インフレ抑制）のほうに重点を置いているわけだが、これは早晩、雇用の悪化を促すようになるだろう。

実際、先にも示したが、パウエル議長は「もっと雇用が悪化して、インフレが２％にならないといけない」とも述べている。

ＦＲＢ関係者は「我々は景気後退を呼ばないインフレ鈍化を実現してみせる」という意気込んだコメントを残したが、そうは問屋が卸さないだろう。

筆者に言わせれば、インフレが２％になったら、その時点ではすでにやり過ぎなのである。５％（その後５・２５％）まで金利を上げて横ばいが続くなか、インフレが２％まで低下し、雇用状況はずっと安定したままというのはあり得ない。

ということで、景気後退と失業率の押し上げに襲われるのは時間の問題ではないかと思う次第である。

それではそうした状態にいつから突入するのか。

株価、金利のチャートからみると２０２３年９～10月から金利低下の機運が出てくるものと思われる。しかし、「だから株が上がる」のではなく、「株が下がるから金利が下がる」というデフレ型の動きが始まるものとみている。

所詮、雇用とインフレを上手く両立させようなどという神業は、人為ではインポッシブルなのだ。

ＦＲＢの理事の連中は、みな経済学しか知らないエコノミストでしかない。そんな彼らがインフレを鈍化させながら失業率も低位安定させ、株式市場を軟着陸させるという離れ業は到底できない。ＦＲＢは必ずや大失態をやらかすに違いない。

「16代目ＦＲＢ議長」という宿命

米ドルの紙切れ化が決まった１９６８年3月とは、１９１３年12月にＦＲＢが誕生してから54年が経ったときであった。

ここでＦＲＢは金準備の心配をすることなく、米ドルの印刷が可能になった。それからさらにまた54年が経ち、ＦＲＢ誕生から１０８年が経ったのが２０２２年である。

ということで、黄金分割的に言うと重要な日柄が、２０２２年から２０２３年にかけて訪れている。

この１０８年間を前後半に分けて考えてみた。

前半の54年間は、まあそれほど頭を使わなくても、ゴールドの量に合わせてマネーをつくっていればよかった。ところが、1968年以降の後半の54年間は、そうとう知恵を絞って貨幣政策を行なわねばならない時代に入ってきた。

それでとりあえず54年間続いて節目を迎えたのが、2022年ということになる。FRBの設立から108年、109年後は黄金律でいうと、かなり危険なポイントとなる。

これまで1970年代にも貨幣政策で蹉跌したFRB議長はけっこういたが、現在の第16代目議長のパウエルは稀にみる大失敗を犯すのではないだろうか。

パウエルには個人的には何の恨みもないが、16代目というのはどうも縁起がよろしくないようだ。ルイ16世という人物がその典型で、フランス革命の渦中の1793年にギロチンにかけられた。これが16代目の人の運命かもしれず、今後のパウエルには苛酷ともいえる前途が待ち受けているかもしれない。

強烈な円高を促す日本の利上げとパウエルの利下げ

一方、日銀はどうか。植田日銀総裁が何をするのか筆者は知らない。けれども、植田さんがとんでもなく危ない時期に、新総裁の座についていることだけは確かなのである。

戦後、日本の長期金利がいちばん高かったのは1975年10月であった。

そこからちょうど2年前の1973年10月にオイルショックが起こり、それを受けてその後日本の金利も上昇した。折しも田中角栄の日本改造計画の最中だったこともあって、10年物長期金利が10・5%まで急騰した。

この当時にはまだ先物のマーケットはできていなかった。

若い読者諸氏にはにわかには信じ難いかもしれないが、先物取引に関するすべてを所轄官庁が今月はいくら、来月はいくらといった具合に仕切っていた。

当然ながら、経済の情勢に即しての判断ではあったが、いまのマーケットのように民間が売買して売買価格を決めるというシステムは存在していなかった。

長期金利10・5%がどうのこうのは別にして、このときに日本経済のインフレはピーク、金利もピークになっていたわけである。

2023年中、遅くとも10月には日本は利上げに踏み切り、米国のほうはパウエルが本年中のどこかで利下げに動く。仮にそれが重なるならば、さらなる強烈な円高が促されよう。

COLUMN

インフレ正常論

その昔、個人投資家として成功した人たちから、「株は売らないこと」が成功の秘訣だと聞かされたことがあった。

持ち株が少し上がったからといって売却すると、もっと上がってしまう。長期に保有していると株式分割もあるし、日本の経済成長に伴い、株価も上昇する。

したがって、株を売らないことが成功の秘訣だというわけである。たしかに、こうした売らない投資は、高度成長時代からバブルが破裂する1990年までは大成功であった。

インフレ時代はカネの価値の下落に対する防衛手段として、投資することが肝要である。この投資は長期的には必ず報われる。

一方、デフレ時代は何もしないことが、正しい姿であった。何もしないことが最大の美徳でもあった。

しかしながら、これは資本主義の退廃であり、放置すれば、重大な結果を招くことになる。

日銀の統計によると、2022年末の個人金融資産残高は前年比9兆円増（0・4％増）の2

023兆円となり、過去最高であった2021年末の水準を超え、4四半期ぶりに過去最高を更新した。

そのうち現金、預金での保有が55％と最大。株式や投資信託などの有価証券で保有している比率の合計は15％に留まる。

米国のほうはどうか。有価証券の比率が55％超、現預金の比率は12％に留まり、日本とはほぼ真逆の状態にある。

日本ではデフレなので何もしないのが優先されることから、巨額の現預金が眠っていた。こうした一般の日本国民の集団としての知恵には感心させられてきた。だが一方では、このカネは結果として、銀行を通じて国債投資に回され、日本の膨大な政府債務を引き受けている側面がある。

その半面、資金が株式や投信を通じて企業にリスクマネーとして回らず、日本の経済成長に貢献していないという問題を生じさせてきた。

どうしたら、個人マネーを貯蓄から投資に誘導することができるのか？

答えは至極簡単で、インフレになればいいのだ。インフレになれば、勝手に貯蓄から投資にカネは動く。

預貯金で持っている限り、インフレ時代にはカネは目減りするわけだから、好むと好まざるとにかかわらず、カネは投資に回らざるを得ない。

デフレ時代には何もしない人が良い目をみるというおかしなことが起こったのに対し、インフレになれば、何もしない人は損をするという正常な姿に戻る。

すなわち、デフレという一時的な時間帯を除いては、何もしない人は損をするというのが、資本主義の原則なのである。

だが、それにしてもデフレ時代が長すぎたなと思う次第である。

第４章

相場が動くことに人為的な理由などない

THE ULTIMATE PREDICTION

相場の動きには日柄が最も重要

金利は自然に下がって、自然に上がる

いまから12年前の2011年に拙著『デフレの終わり』（日本実業出版社）のなかで、こう記していた。

経済予測をする場合、大きく2つのアプローチに分かれる。

一つはファンダメンタルズに着目するアプローチである。通常はこの手法を採る人が大半である。

そしてもう一つは、まずマーケットありきで、そこからどういう経済現象が起こりうるかということを考えていくアプローチである。このアプローチ手法を採る人はきわめて少数だが、筆者の場合は、こちらの考え方に立脚している。

ファンダメンタルズばかりに気を取られているエコノミストは、こう言うに違いない。
「デフレが終わったとしても、その後に待っているのはパニック的なハイパーインフレだ」

果たしてそうだろうか。マーケットの動きからすると、デフレが終わった後に、ハイパーインフレが起こる可能性はほとんどない。ハイパーインフレになるということは、金利が劇的に上がるということだ。しかし、日本の長期金利がどう動いているのかということに考えをめぐらせば、答えはおのずと出てくる。

まず日本の長期金利をみるにあたって、最重要日柄として2003年4月を挙げておく。このときの日経平均株価が7604円で、日本の長期金利の指標となる10年物国債利回りは0・43％だった。

なぜ、ここが最重要なのかというと、株価的にバブルのピークだった1989年12月から数えて、13年と4カ月、つまり160カ月目に該当するからだ。黄金分割の重要数字である162にわずか2カ月足りないだけに過ぎない非常に美しい日柄である。

さらにいえば、東京証券取引所での取引が再開された1949年5月から数えてみると、これが53年11カ月。つまり、647カ月となる。これは162カ月の4倍に1カ月足りないだけの、やはり非常に美しい日柄となる。ちなみに明治元年から数えると135年で、

1620カ月となる。ここまでくるとややこじつけの観もあるが、これも完全な黄金分割となる。

このように、さまざまな日柄が集中していることから考えると、2003年4月というのは、非常に大きなターニング・ポイントだったということが見えてくる。

それは何かということを考えると、おそらく日本のデフレが最も深化した局面だったということになるだろう。何しろ、このときの長期金利の水準は0・43％である。

金利は物価が下がると低下する。つまり、いま振り返ってみれば、長期金利が過去最低水準にまで低下した2003年4月が、日本のデフレ最悪期であったと、ごく自然に判断できるのである。

黄金分割からみた株式相場の大局観

同様に、日経平均も人為で動いているわけではない。黄金分割による年代記を**図表4―1**のように整理してみるとよくわかる。

この動きから何がわかるのか。

いまこそが日本経済の最悪期ではないだろうか？――筆者がそう確信したのは2003

年のことであった。

歴史的なタイミング（ヒストリカル・モーメント）を最初に知らせてくれるのは相場だが、振り返ってみて理由が解説されて裏付けられるのは数年後である。その意味からいえば当然、常にこのような疑問を抱く方はおられるであろう。

だが、筆者は、日本のデフレ経済の最悪期はあくまでも2003年であったと考える一人である。つまり、ここが真正の底であったということだ。

日経平均株価の動きを追っていくと、2008年10月のリーマン・ショック時に6994円という過去最安値を更新したが、これはあくまでも余震に過ぎなかった。

そして2011年3月に付けた8300円も、2012年の1ドル74円という最後の円高局面もやはりまた、余震に過ぎなかったのだ。

「余震が長すぎるのではないか」とする意見もあるだろうが、これはセキュラー・ベアマーケットの特徴でもある。

セキュラー（Secular）というのは日本語では「永続的に」という意味だ。その言葉どおり、セキュラー・ベアマーケットはきわめて長い時間にわたって続くベアマーケットを表しているのだが、ここで言う「永続的」とは、ピークからボトムまでの期間が際立って長い底なし状態というよりも、ボトムは打ったものの、なかなか上昇に転じることができず、ダ

◉WORST ECONOMIC DISASTER（経済的な大災害）は
2003年で終わっている

10年物国債利回り　2003年6月の0.43%は歴史的な最低利回り

◉2003年が真性の底――本震

2008年は米国の経済ショックの余波
2012年は円高による最後のデフレ波
2013年はユーロショック
} 余震

◉セキュラー・ベアマーケット（永続的ベアマーケット）は概ね20年

NYダウ	1929〜1949年（底打ちは1932年）
	1966〜1982年（底打ちは1973年）
日本株（東株指数）	1920〜1943年（底打ちは1931年）
	1943年取引所実質閉鎖

2012年以降セキュラー・ベアマーケットから脱却

◉デフレ終焉による国債大暴落、
金利急騰からの大不況のシナリオは実現しない

イニシャル・ミニパニックは2013年末、10年物国債利回り2.3%まで

したがって、ミニクライシスはあっても
パニックインフレによる日本経済の大後退は
考え難い

図表4-1 | 黄金分割からみた大局観

◉日経225の年代記（黄金分割による）

黄金分割でみた重要日柄

1949年5月　東証再開

明治元年（1868）から81年=162÷2

1989年12月　3万8957円　バブル・ピーク

東証再開からピークまで40年7ヵ月≒40年6ヵ月=
486ヵ月=162ヵ月×3

2003年4月　7604円

バブルピークから13年4ヵ月（160ヵ月）
東証再開から53年11ヵ月=647ヵ月≒648ヵ月（54年）=162ヵ月×4
明治元年（1868）から135年≒1620ヵ月

2008年10月　6994円

東証再開から59年（ペンタゴンの高さ）
憲法施行から61年

以上から導き出したアイデアは……

2017年

バブルピークから27年（162ヵ月×2）
『悠久の軍略』（高尾義政著、菜根出版）による
拡大期の開始（昭和92年）

2030年

バブル・ピークから40年（162ヵ月×3）
東証再開から81年（162年÷2）
明治元年（近代日本の誕生）から162年

ラダラと底這いの状態が続く状況を意味している。

　このセキュラー・ベアマーケットという状態は、バブル崩壊後の日本経済だけに限った話ではない。時計を巻き戻してみると、実は米国においても幾度となく、セキュラー・ベアマーケットは示現した。

　たとえば1929年に米国のNYダウはピークを付けた後、大暴落した。いわゆる世界大恐慌の始まりだったが、この局面でNYダウが大底を打ったのは1932年のことであった。ダウ底打ち後も、グズグズした状況が17年も続いた、米国の株価が本格的な上昇トレンドに入ったのは、1949年のことであった。

　1966年にもこんなケースがあった。

　当時のNYダウは1000ドルの大台を付けたものの、それをピークに急落、1982年までは600ドルから1000ドルのあいだで行ったりきたりを繰り返した。ちなみに、この局面における底打ちは1973年であった。

　ピークを付けたところから数えると、1929年から始まったセキュラー・ベアマーケットが20年、1966年から始まったセキュラー・ベアマーケットが16年続いたことになる。つまり、セキュラー・ベアマーケットというのは、20年前後は続くということである。

　改めて日本の株式市場をみると、日経平均株価のピークは1989年12月であった。そして、2003年4月に最初のボトムを付けた。そこからグズグズした動きが始まり、2008年10月28日には、7000円割れという最安値を更新した。

しかし、これはあくまでも余震であり、真正の大底は2003年であったということだ。そして、セキュラー・ベアマーケットから脱却してから上昇に転じたのが、1989年から約20年が経過した2012年からである。

債券の動きはハイパーインフレを否定していた

筆者は2010年当時から、日本経済は確実にデフレ経済から脱却する。トレンドはデフレからインフレに変わり、日本経済は徐々に良い方向に転換していくはずだと訴えていた。

しかしながら、世の中にはただひたすら悲観論を唱える人もいた。当時はそうした人たちの著作がずらりと書店に並んでいた記憶がある。論旨はどれも「日本経済はこれからハイパーインフレに見舞われる」というものであった。政府系の御用学者が債券バブルを煽るのは、財務省の増税路線の片棒を担いでいたのであろう。

こうした悲観論はおよそ10年周期で訪れるようで、昨今は人気エコノミストが『ザイム真理教』なる著作で財務省発の悲観論を揶揄して、よく売れているようだ。

そもそも、日本に本当にそんなものがくるのだろうか。ハイパーインフレというのは、第一次世界大戦後のドイツで起こったような、物価が１０００％単位で上昇していく状況のことを指している。近年においては２００８年にアフリカのジンバブエにおいて年率２２０万％のハイパーインフレが起きたとされている。そのような事態に日本が陥るとは、とても思えない。

たしかに、日本の財政赤字は先進国中、最悪の水準にある。国債暴落というリスクも理屈のうえではあるかもしれない。しかし、現実のマーケットは日本がハイパーインフレに陥るような確率は、ほとんどないということを示している。

本来であれば、日本がハイパーインフレに見舞われるような状況になるのであれば、株価はさらに大きく下落しただろう。

しかし、日柄と水準を考えてみると、日経平均株価がこれからさらに大きく下落していくという状況は想定できない。もちろん、本格的な上昇トレンドに移行するまでには、たとえば２０１２年に起こると考えられた円高によるパニック売りなどはありえただろうが、基本的なトレンドは、「セキュラー・ベアマーケットから脱却して、上昇局面へと向かっていく」ことを示している。

そうである限り、日本がハイパーインフレに襲われるとは考えられなかった。

株価と同様に、当時の長期金利の動きもまた、日本がハイパーインフレになることを示してはいなかった。

ハイパーインフレが起こるということは、日本国債の価格が大暴落しなければならないからである。つまり、長期金利が急騰することになる。

為替こそは典型的な「相場」である

なぜ為替は理屈に合わないのか?

株式相場や債券相場と同様に、為替レートもまた、理屈ではなく相場である。

日本のみがセキュラー・ベアマーケットともいうべき、永続的な下げ相場の局面に留まっていた2010年当時、筆者はこんな言説を展開していた。

経済の教科書によれば、インフレが進むとその国の通貨は売られる、とされる。日本が本格的なインフレ局面に入ったら、それが円安を誘導するという考え方といえる。インフレというのは、その国の通貨が、物価と照らし合わせて、相対的に目減りしていくことになるから、通貨安を推進していくというわけだ。

日本に投資している海外投資家も、通貨価値が目減りしていくような通貨を買い進めたいとは思わないであろう。したがって、自然のうちに円は売られ、円安に傾斜していくことになる。

以上が、経済の教科書が示すところの、「インフレによって円安が進む」というメカニズムである。

ところが、長年為替マーケットに身を置く者としては、この考え方はどうにもリアリティに欠けると言わざるを得ない。わが国には必要以上にインフレを警戒する日本銀行という中央銀行が存在することから、なかなかインフレになりにくい。

マーケットに即した観点からすると、インフレによって円安が進むというよりも、「円安が進むことによってインフレが醸成される」という考え方のほうが、よほどしっくりくるのである。

では、どうして円安トレンドになるのか。理屈をこねようとすれば、いくらでもこねることはできる。ただ、それは銀行や証券会社などに属しているエコノミストがメディアや講演会などでいくらでも解説しているから、ここでは詳しくは記さない。

ここでは、あくまでもマーケットに即した観点から、その道筋を考えてみたい。

「どうして円安になるのか」という質問に対する答えは、「為替は相場であり、相場には限界があるから」というのが、もっとも端的でかつ唯一の正解となる。

行き過ぎた円高の経緯

まずはたとえば、為替は相場であるとする観点から、行き過ぎた「円高」であった場面（から現在まで）の状況を振り返ってみたい。

知ってのとおり、米ドル／円は、かつて1ドル＝360円の固定相場性が取られていた。1971年のニクソン・ショックによる円切り上げを緒に、1973年に固定相場制が廃止された。変動相場制へと転換していくなか、円がただひたすら強くなり続けたのはご案内のとおりである。

そして1985年に成立したのが、世にいうところの「プラザ合意」であった。苦しくなった米国が自国通貨安、つまり米ドル安に為替誘導するため、先進各国の財務相・中央銀行総裁と話し合いを持ち、米ドル安を進めるための協調介入を要請したのだった。

これを契機に、円はさらに加速度的に強くなっていった。

しかしながら、日本経済がわが世の春を謳歌したバブル経済が破裂した後も、円はひたすら強くなり続けた。

バブル崩壊後の不況期に対応するため、積極的な金融緩和策が敷かれ、ついにはゼロ金利状況となった。覚えておられる方もいるだろうが、当時、日本の金融機関の不良債権問題は一段と深刻化し、住専問題や大手銀行の経営破綻が相次いだ。

1998年あたりからはもうボロボロになってしまい、山一證券、北海道拓殖銀行、日本長期信用銀行、日本債券信用銀行などがドミノ倒しのごとく倒れていった。

2000年を迎えても、景気全体が底冷え状態となって、個人消費もおおいに落ち込んだ。その途中、米国から連鎖してきたITバブルや、2002年から2008年まで続いた戦後最長73カ月の景気拡張期となった「いざなみ景気」も我々は経験してきた。

しかし、おそらく多くの個人にとっては、景気回復感をほとんど実感できないうちに、景気拡大局面は終焉を迎えてしまった。その理由とは何だったか? 言うまでもなく、1990年からのデフレ圧力が日本経済を覆いつくしていたからである。

その一方、どうにも不思議なことが起こっていた。

日本経済そのものはきわめて厳しい局面に晒されていたものの、日本の通貨・円はどんどん値上がりを続けてきたのだった。

その経緯を振り返ってみよう。1995年4月には瞬間だったが、1ドル＝79円75銭という円高水準に達し、日本国内には産業の空洞化懸念が一気に広まった。

1998年にかけては、行き過ぎた円高の反動から、円安に滅茶苦茶に振れた。何と1

ドル147円台を付けたのだ。けれども、その後はアジア通貨危機、ロシア通貨危機、ヘッジファンド危機といった金融危機オンパレードにより、再び円高へと転じていった。

2007年になると金融危機の震源地は米国に移った。2007年のサブプライムローン・ショック、2008年のリーマン・ショック。立て続けに米国が巨大金融ショックに襲われ、米ドルは売り込まれていった。

1ドル＝80円台が定着したところで、今度は日本において2011年3月、あの東日本大震災が勃発した。なぜかここで、いっそうの円高が進んだのだった。1995年に付けた79円75銭という過去最高値を更新し、1ドル＝75円台となった。

為替相場にファンダメンタルズは無関係

ここまで、日柄とは関係なしに、1ドル＝360円から始まった長期円高局面の状況を縷々伝えてきたわけだが、円高となってきた経緯、その理屈に納得する向きは少ないに違いない。

日本はこの間、とりわけバブル崩壊以降は景気が悪く、デフレはいっこうに解決せず、さらに日本国債の格下げが取り沙汰されたほどなのに、いっこうに円安にならなかった。

挙句、説明のつかない円高に対して、メディアはもっともらしい理由をつけようとして、世間を混乱させるに至った。

たとえば、ユーロ経済圏でのソブリンリスクが浮上した際、「円は避難通貨である」という理由で買われた。3・11のような災害が発生すれば、「日本の保険会社のリパトリエーション（資金還流）が起こる」などといわれて、おおいに円が買われた。

実は円が経済危機時における避難通貨であるという認識は、すでにそうとう陳腐なものといえるだろう。そのチャートについてはここでは割愛するが、世界の2大避難通貨として名を馳せていた円とスイス・フランであったとはいえ、2012年以降はスイス・フランの一人勝ちとなっている。

したがって、もはや「有事の円買い」という言葉は死語になってしまった。

とにかくその当時は、苦し紛れに近い理由付けが行なわれては、円が買われていた。少なくとも、筆者が嫌いなファンダメンタルズ面からみれば円安が猛烈に進んで然るべき場合でも、円高が昂進していった。

これはもはや為替の動きに、ファンダメンタルズで裏付けされる理由はないと言うべきなのだと思う。「為替は相場だから」としか言いようがないのである。

第5章

2028年まで見通せる為替相場

THE ULTIMATE PREDICTION

ドル円相場

ドル円相場を支配する16・5年ルール

ドル円相場の今後の為替動向については割合に簡単であると思う。まずは図表5－1のチャートをご覧いただきたい。

ドル円で1ドル360円と決めたのは1949年4月。ここから日柄が始まっている。ここを起点にちょうど29・5年目（59単位の半分）の日柄だった1978年10月、177円までドル安円高になった。オイルショックを早くも克服した日本と、のろまの米国の差が円高を説明するナラティブとして使われ、米国ではドル暴落の危機が高まることを恐れ、先進国によるドル買い協調介入が実施された。これをカーターショックと名付けている。

それからはチャートを見てのとおり、カーターショックから16・5年後の1995年4

月に次の安値、79円75銭の記録的なドル安を記録した。

今度はそこから16・5年が経過、日本が東日本大震災に見舞われた2011年10月にドル最安値、75円53銭となった。

これまでのパターンをフォローすると、今度のドル安円高はいつなのかが浮かび上がってくる。

答えは実にシンプルで、そこからさらに16・5年を加えればいいわけだ。2028年4月前後にドル安値がやってくるのを弾き出すことができる。

こうした16・5年ルールについては、おおむね162の黄金律を援用した16・2年、あるいは540÷32＝16・875年の場合もある。決して誰かが決めているのではない。筆者自身は、宇宙のルールであるからと納得している。

別にFRBが偉いのでも、誰か特別に権力を持った人が無理やりに為替相場を動かしたわけでもなんでもない。自然にこういうふうになっていくとしか表現しようがない。

次にドル円の高値のほうを見てみよう。チャートの左上のほうに視線を移してほしい。

1949年4月にドル円の日柄がスタート、そこから約33年後（約16・5年の2倍）の1982年11月に278円のドル高値をみている。

そこから今度は15年9カ月後の1998年8月に147円のドル高値となった。これは

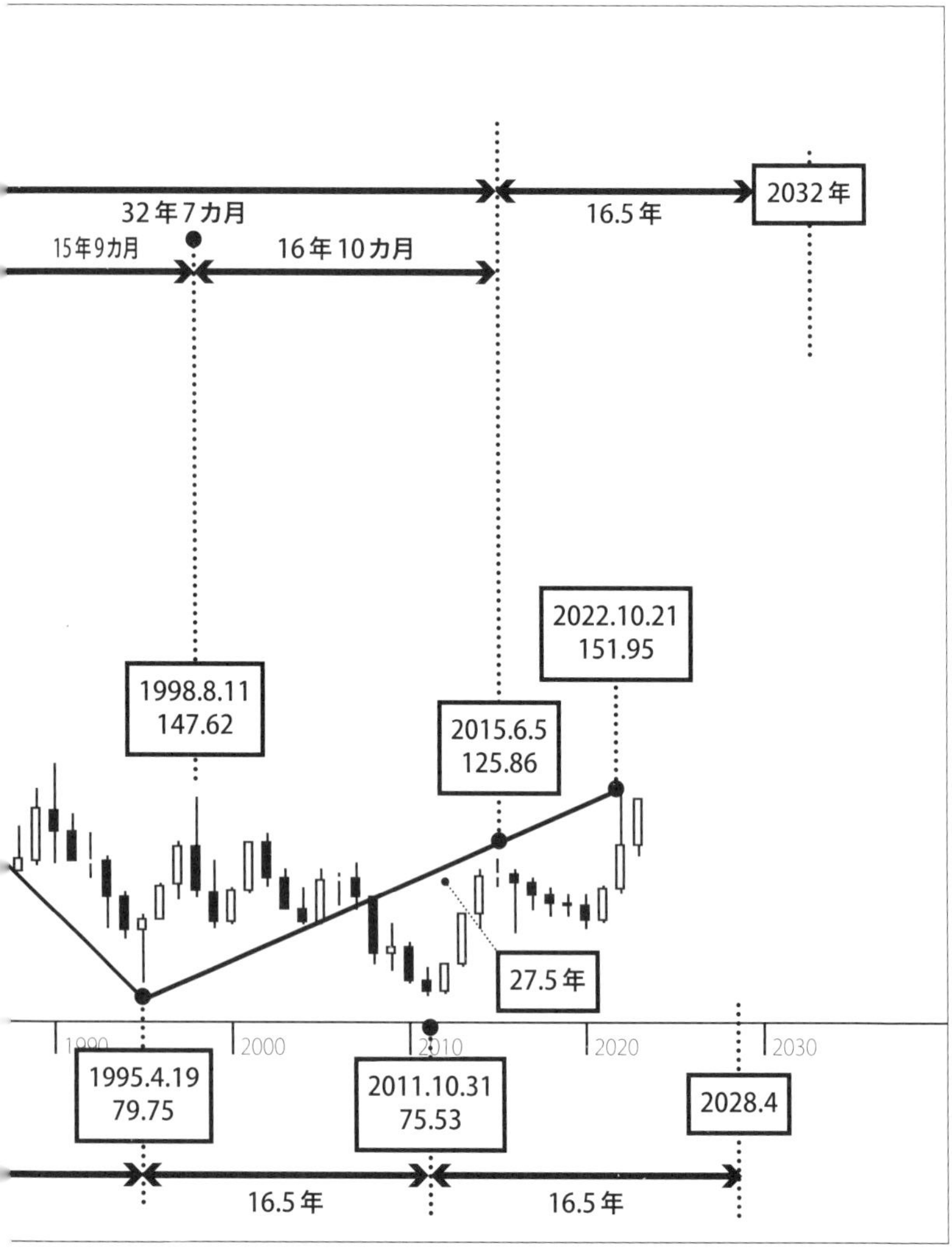

32年7カ月
16.5年
2032年
15年9カ月
16年10カ月
1998.8.11
147.62
2015.6.5
125.86
2022.10.21
151.95
27.5年
1990
2000
2010
2020
2030
1995.4.19
79.75
2011.10.31
75.53
2028.4
16.5年
16.5年

図表5-1　ドル円年足（2023年9月現在）

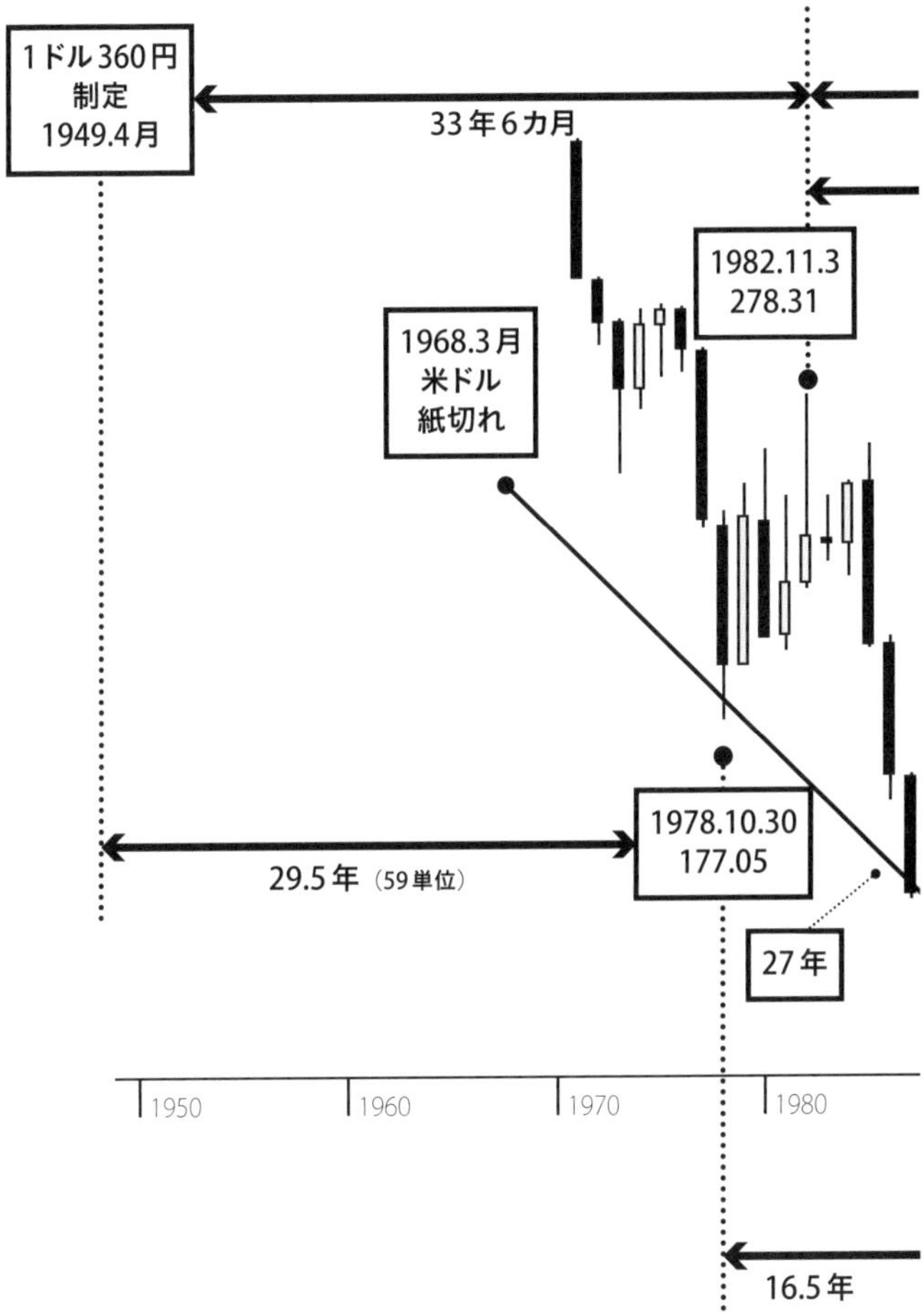

16・5年よりも若干短いのだが、その次の125円の高値を打ったのが16年10カ月後、2015年6月となった。この2つを合わせると32年7カ月となって帳尻が合う。

したがって、このルールに従うならば、次に到来するドル高円安の時期は2032年あたりとなる。

ということで、先に示したドル安円高のルールと併せて勘案すると、2028年の4月頃に向けて強烈な円高が進み、その後は2032年にかけて円安に戻っていく。

これがドル円為替の大局観である。

どの通貨に対しても行き過ぎた円安状態

ところで、いま我々はどのような為替のステージにいるのだろうか?

2022年10月21日に151円95銭というとんでもないドル高値となった。なぜか。その理由を、掘り下げて考えてみよう。

ここで俎上に上げたいのが1995年の4月。これは1968年の米ドル紙切れ化から27年が経ったところであった。27は54の半分だから、日柄分析における大事な数字だ。そのちょうど27年目に超ドル安が起こった。

相対的に滅茶苦茶な円高、超円高と当時言われたものだが、どれぐらい円高だったかと言うと、80円を割って79円台となった。

日本のGDPはこのとき、1995年には500兆円程度であった。日本のそれはいまでも500兆円程度だから、この27年間、いったい日本は何をやってきたのかと揶揄される所以でもある。

同じ1995年の米国のGDPは7兆ドルだった。当時の為替はどうだったかというと、1ドル80円をちょっと切っていた。1ドル80円で換算すると、80円×7兆＝560兆円である。

つまり、米国のGDP560兆円と日本のGDPが500兆円で拮抗していたのだ。信じられないが、米国と日本のGDPがほぼ並んだ。これは為替相場が1ドル80円と異常に歪んだことからこそ、こうした格好となった。

それはこういうことである。

米国のような大国と日本とのあいだで、通貨の換算率が異常に捻じ曲がってしまった結果、両国のGDPがほぼ同等の約500兆円になったわけだが、これは冷静に考察するならば、この当時にいかに円高が無理矢理進んでいたかを映し出している。

それではいまはどうなのか。

そこから27年が経過した。今度は27・5年で半年ずれたが、2022年10月になると151円95銭と、1995年4月時とは真逆に壮烈な円安となった。

ここで述べる円安とは、別に1ドル140円が円安という意味でなく、相対的に世界のどんな通貨に対しても円が弱い、円全面安になってしまったということである。そしてこれが2022年初めからの円の実態といえる。

要は異常な円高から27年が経って、壮烈な円安になったわけで、今後はおそらく、反動の超円高に向かっていく。相場とはすべて循環に支配されているから、基本的に行きすぎたらまた元のサヤに戻るわけである。

それが27年のサイクルで起こっている。

いまの時点においては140円台を挟んで動いているとはいえ、今後は2028年に向けてひたすらに円高が進行する。今度再び、前回の1ドル80円のようにべらぼうな円高になってしまう可能性があるということだ。

筆者自身は、1ドル72～65円あたりまでのドル安円高になると言及している。それは1ドル360円時代からの計算より弾き出した数字であり、2028年の4月に72～65円まで円高になるというビッグピクチャーである。

ここまで記してきたように、為替相場をはじめとする相場とは、毎日の金利動向だとか、パウエルFRB議長が何を言ったか言わなかったとかとは、まったく関係のない世界なのである。

要するに相場とは、宇宙のルールに則ってきれいに循環している。それだけの話なのだ。そのいわば儀式的循環がどういうふうに行なわれているのか。それを見つけ出すために黄金律というツールを使う。そういうふうに申し上げておこう。

円安バブルの破裂

図表5－2の下の部分に示した2028年4月の前に2025年8月が大事な日柄だと捉えている。これは天井を打った2022年10月から短月で36・5カ月（1カ月28日）、2年10カ月となるからだ。こうした節目を迎える黄金分割の数字で、それまでの流れが終わることが多い。

もう一つ大事なのは2012年2月のドル安値76円からの13・5年（54四半期）のタイミングも2025年8月にやってくるからである。

さらにその13・5年前は1998年8月の高値147円62銭である。こうして13・5年タームでドル安値、高値を輩出してきた日柄なので、2025年8月が、円高の最終局面

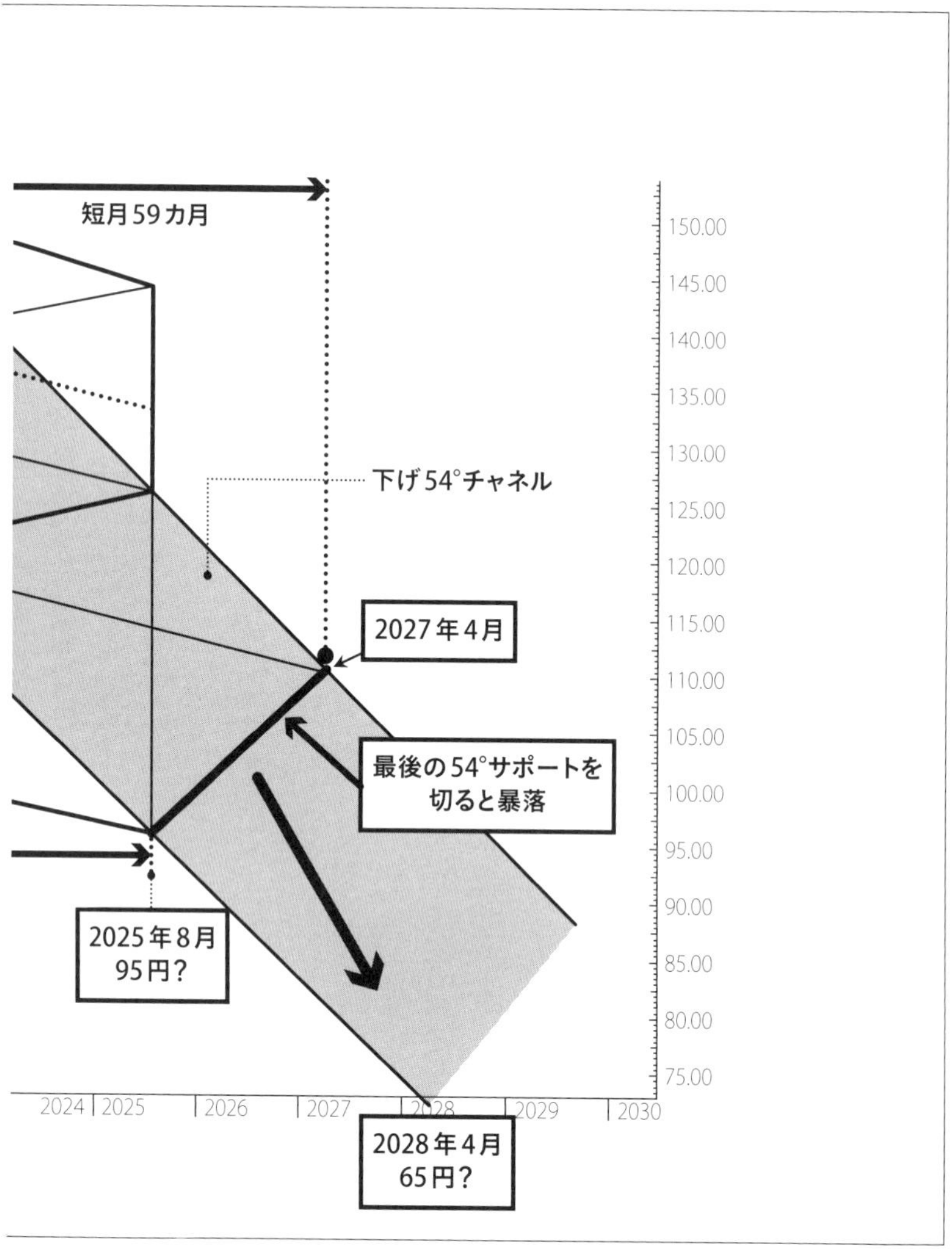
短月59カ月
下げ54°チャネル
2027年4月
最後の54°サポートを
切ると暴落
2025年8月
95円?
2028年4月
65円?
150.00
145.00
140.00
135.00
130.00
125.00
120.00
115.00
110.00
105.00
100.00
95.00
90.00
85.00
80.00
75.00
2024
2025
2026
2027
2028
2029
2030

図表5-2 ドル円月足（2023年9月現在）

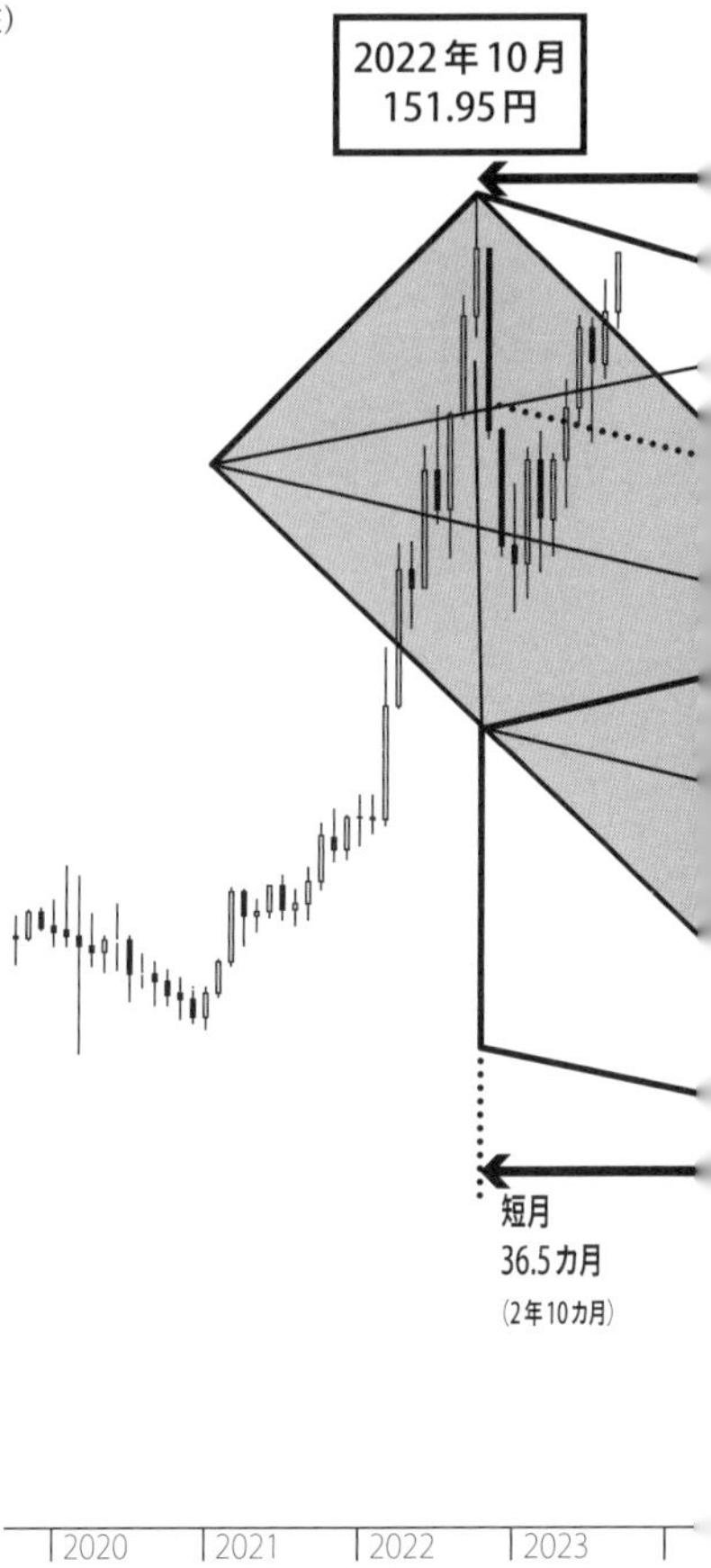

とみていた。しかし、その後の為替以外のマーケットの動向を精査すると、そうではなく、米国金利、米国株価いずれも２０２８年前半に重要な結節点を迎える可能性が高く、したがって、円高も16年サイクルのタイミングである２０２８年にドル大底を迎えるのではないかという考えにまとまりつつある。

２０２５年８月の日柄は実はドルの中間反騰の頂点の時間帯である可能性もある。その高値からの２年10カ月は２０２８年４月となり、日柄はドルの16年サイクルの底のタイミングと一致するからである。

米国株、とくにＮＡＳＤＡＱ総合指数は完全なバブルだから、それが破裂するとなると、最低でも２年８カ月から２年10カ月は下がり続ける。

米国の１９２９年の大恐慌のときもそうだった。それから日本の１９９０年のバブルが破裂したときも、１発目の強烈な下げが止まるのがだいたい２年10カ月後であった。米国の大恐慌の場合にはもっと酷くて、２年８カ月のあいだで90％も下げてしまい、大底までやってしまったわけである。

だから、いまの円安の話に戻すと、そうとう馬鹿げた円安が起こったからには、とてつもない切り返しが入ってくるに違いないと思わざるを得ない。スケール的にはバブル破裂のようなものだ。

本書の執筆している現在が2023年9月として2028年4月の目標日柄まで4年半の時間が残されている。ほぼ18~19四半期となる。19・1四半期は9・55の倍だからよくある日柄である。

19四半期の時間の相場の上げ下げを論じてもあまり意味はない。

19四半期というのはどういう区切りが良いか考えてみると、四半期足では5、9、14が変化の日柄である。

まず5四半期円高が進行した後、14四半期の日柄が円安と円高に分かれる。5四半期は円安、最後の9四半期はひたすら円高になり72~65円を目指す形だろう。

そうした日柄の解析をみると、中局円高、あるいは円安が見えやすくなる。

最後の9四半期は2026年初めからだと美しい。19四半期の残りの10四半期をどう割り振るか。

米国株式の下落はとりあえず2024年9~10月までだろうから、ドル円も2024年第4四半期までドル安は大いに考えらえる。

年足の研究からみると、よほどのことがない限り年足は130~131円が上限である。2023年は125~130円が年末、とするとその翌年の2024年末は100~110円が考えられる。

米国の景気のスローダウン、あるいは米国が本格的なデフレに襲われることが考えられ、急激に円高が進む。日本がこれから金利を上げにかかるのに対し、金利を上げすぎた米国は、これからは下げに転じなければならない。この流れは不変である。

ドル円月足チャートに話を戻す。

いちばん大きければ、このグレーゾーンの高値まで戻す。2025年8月に95円までやって今度戻すとなれば、日柄は天井151円95銭からの59カ月後の2027年4月くらいに向けてドル高円安に戻していくのではないか。

2025年の8月から7~8カ月、最大限110円まで戻っていく。95円まで円高が進んで、110円まで戻るわけである。

ただし110円まで戻ったら、再度これが高値となって、ここから下にやってくる。つまり円高ドル安に向かっていく。

これが2027年4月を起点とするいちばん最後の54度線というきわめて重要なラインなのだ。この95円と110円を結ぶとても重要で太いサポートラインが下に切れてなくなってしまうと、その後、ドル円の再度暴落は避けられない。

したがって、この2025年8月から2027年4月までのドル円の暴落はありうる。絶対にあるとまでは言わないが、110円に戻ろうとする相場が戻り切れないで下に切れてきたら、最終的な目標が2028年4月になるわけである。

こういう相場については、一般的に絶対そうだとは言わないが、たとえば米国のバブル破裂で最終的にドル円が72～65円まで暴落するとしよう。

まずは8カ月くらい連続で急落する。2027年のうちに何とかドル高に戻ろうとするのだが、戻り切れず、またどこかから1回下げ始める。そこを戻りの天井だとすると、ここからまた8カ月間急落したところが1ドル＝72～65円になるのではないか。

今回は明らかにドル円が高くなり過ぎたことから円安バブルが破裂、急激に円高に向かうといった流れに入るのであろう。

ユーロドルとユーロ円

大底を脱したユーロドル

今後のユーロドルの動きも割合と導きやすい。図表5－3のチャートが示すとおり、際立ってきれいに出ていると思う。

左上部にあるのは2008年7月のユーロドルの天井だ。そして、底が2022年9月28日。天井が2008年と底が2022年だったから、その間は14年2カ月である。

とてつもなく強いサポートの18度線を2022年9月に1回、ズドンと切ってしまった。本当に大切な堰を切られると一気に下がるのは世の中の常ではないか。それで、0・953になるまで下がったのだが、こうして本来の大事な結節点まで戻ってきたときには、だいたいこれが大底なのである。

まあ、やってはいけないことをやったから、みな狼狽してここで底がついたというわけである。

ところが、チャートを見ればわかるとおり、たったの1四半期でポンともう上に戻ってきている。

それが天井から14年ぐらい経った時点で、1・08あたりにきた。これは何かというと、1・07ぐらいのサポートの上にきたわけである。

それから、59四半期目のところで、ここから加速上昇する54度線が出ている。相場はおそらく、この54度線が加速上昇するパターンに乗っていく。

そうすると、最終的にはどこまで上がるのか。2008年の天井からの73四半期目の2027年の第1四半期ぐらいまで戻るものと思われる。

最大限、ここからの54度線だから、1・3088まで戻る。けれども、その前にこのペンタゴンのちょうど半分のところに相場が引っかかってきており、今度これを超えるときもなかなか骨が折れる。

それがどのあたりかというと、1・21ぐらいだろうか。そして、1・2を超えて一気にいくとも思えない。落ちるときも上がるときも、きれいにこのラインに引っかかっているからだ。

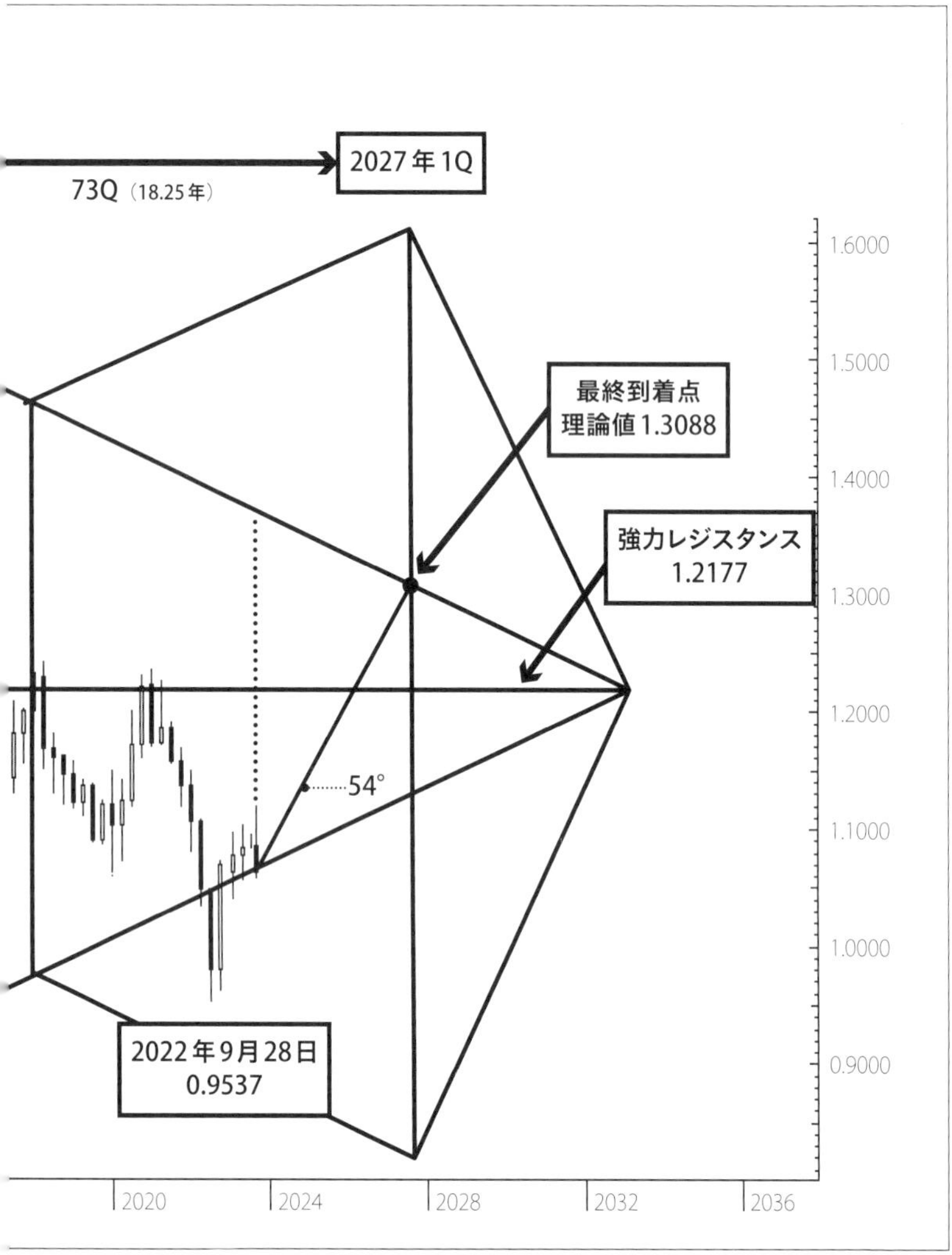
2027年1Q
73Q（18.25年）
最終到着点
理論値1.3088
強力レジスタンス
1.2177
54°
2022年9月28日
0.9537
1.6000
1.5000
1.4000
1.3000
1.2000
1.1000
1.0000
0.9000
2020
2024
2028
2032
2036

図表5-3 ユーロドル四半期足（2023年9月現在）

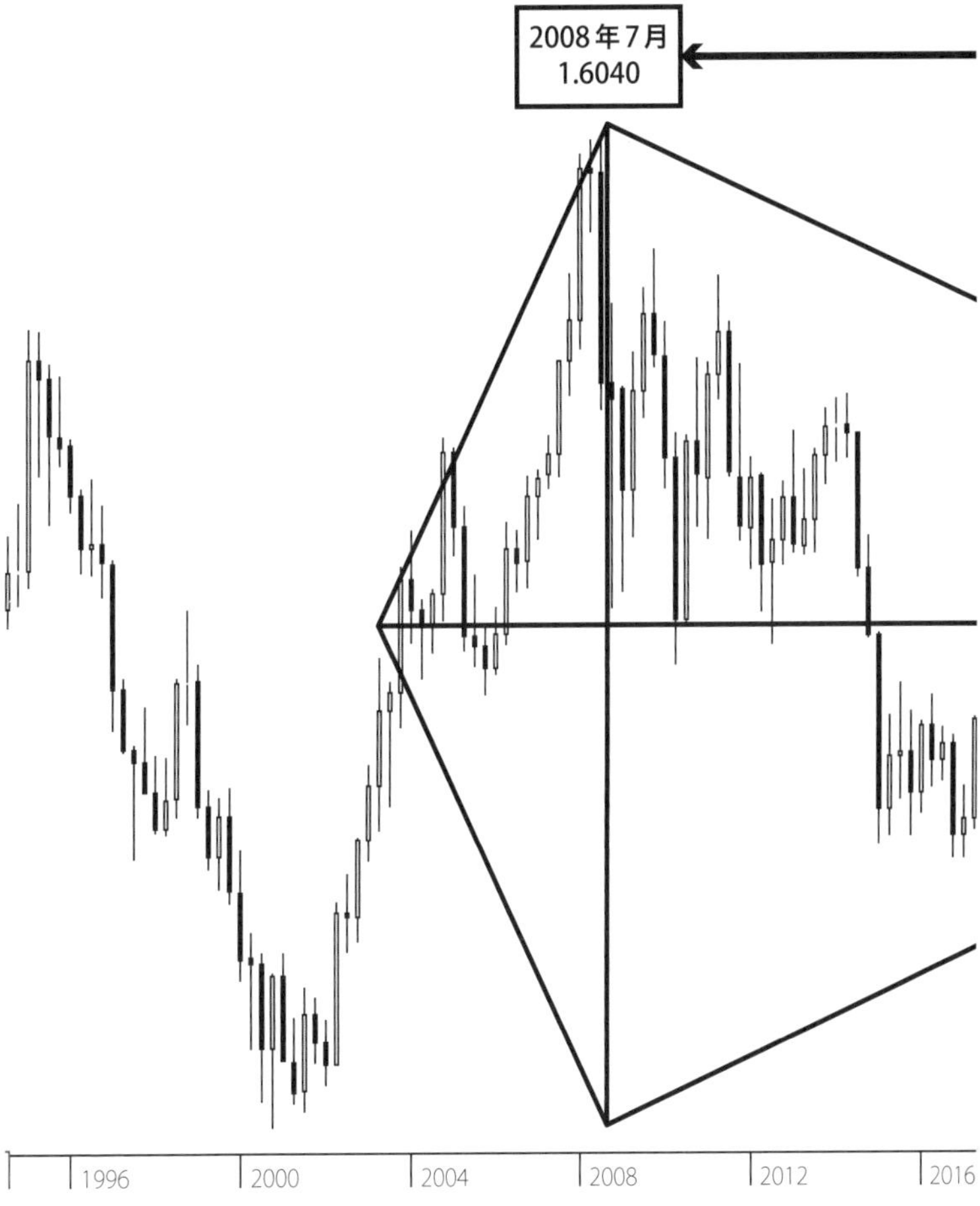

ということで、1・2を超えてきたら相場はいったん停止ということになるはずだが、この2027年の第1四半期に向けて、1・3に向かうことになるだろう。

ユーロ円は猛烈な円高に

それではユーロ円はどうなるのか。

2022年10月21日、円はドルに対する最安値151円95銭を付けた。そして2023年8月31日のユーロ円は159円82銭とユーロに対しての最安値を付けた。これについては、世界の二大通貨に対する円安相場が終わったと理解していいであろう。

ということは、基本的には今後は、この二大通貨に邪魔をされずに円高になるという流れに入ってきたと受け止めるべきであろう。

ユーロ円については、今後は大きく下がっていく。ユーロ円94円11銭から始まった相場が159円で天井を付けたことから、そのうちに120円、110円といった相場が出てくるのではないか。ユーロに対してもとんでもない円高がやってくることだけは確実であろう。**図表5－4**のチャートを見ると2024年9月にとりあえず底の日柄がやってくる。

つまり2024年9月に向けてこのチャートの感じでは110円台の相場が出るというこ

とになる。

相場とはいったんトレンドに入ったら、ずっとそれは続くものだ。ただ、やりすぎたら戻る。その繰り返しは習性なので注意しなければならないが、トレンドそのものは変わらない。

要するに、ユーロが上がるとドル安を招く。ユーロ高ドル安になると、ドル安円高が起きる。問題は、それらのスピードが違うことで、たとえば、対ユーロで円高のスピードが速い場合も出てくる。その要因は、日本がいつ金利を上げ始めるか、そこに収斂する。

ご案内のとおり、黒田前日銀総裁が２０１２年から異次元の金融緩和というものを10年間もおやりになって辞めたわけだが、彼のゼロ金利政策は日本の経済に相当なひずみを生じさせてしまった。

後任の植田和男新総裁は前任者の方針を払拭、金利を上げるために就任したのだから、あとは時間の問題で、金利を上げてくるはずだ。

金利を上げるのに反対している政府関係者は、日本が抱える約１２００兆円の国債残高があるから、金利を上げると国家がその利払いで破綻するかもしれないと脅しみたいな物言いをし、「だから、金利はそう簡単に上げられない」と主張している。

この論法のほうが破綻していると言わざるを得ない。

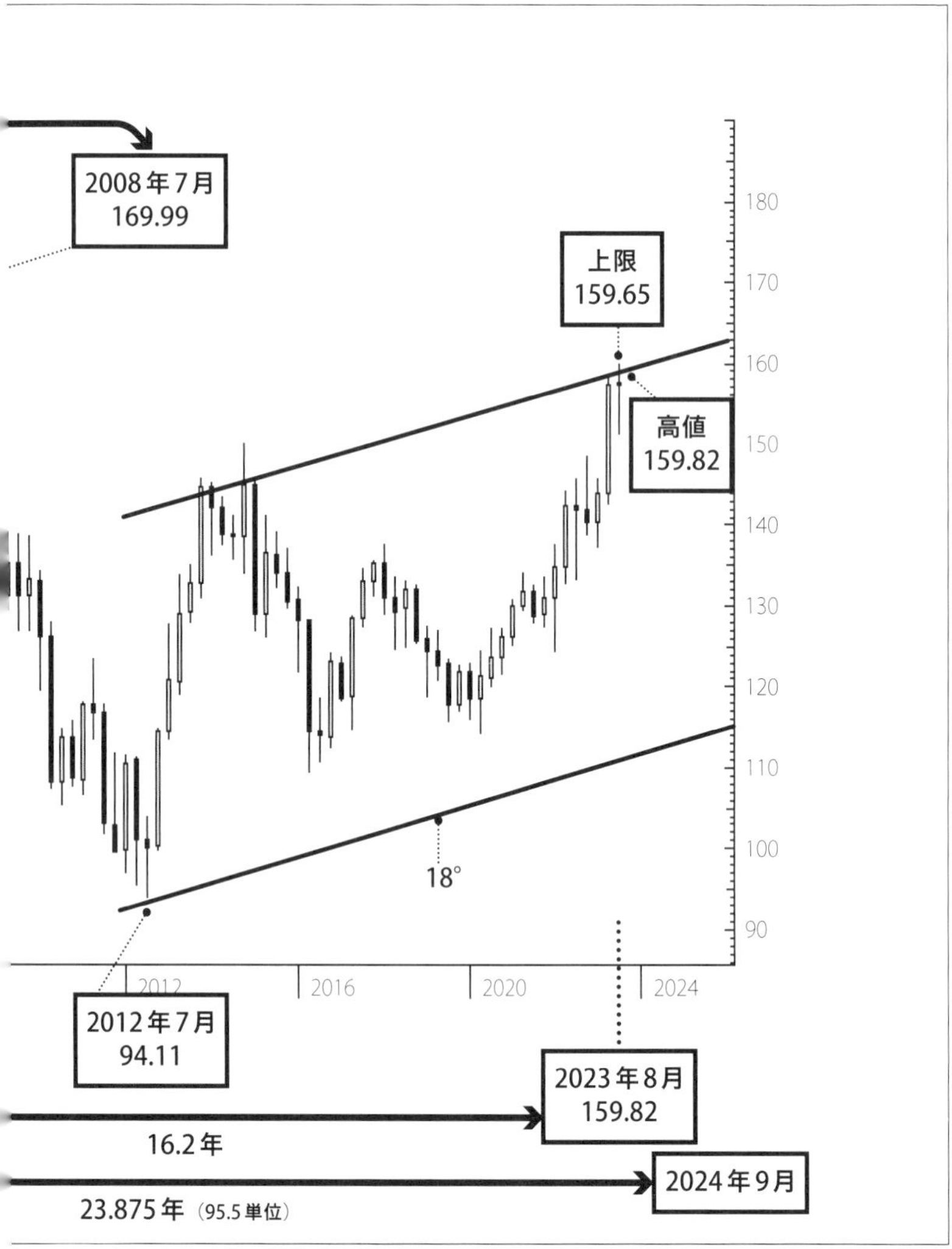
2008年7月
169.99
上限
159.65
高値
159.82
18°
2012年7月
94.11
2023年8月
159.82
16.2年
2024年9月
23.875年（95.5単位）
180
170
160
150
140
130
120
110
100
90
2012
2016
2020
2024

図表5-4　ユーロ円 四半期足（2023年9月現在）

為替相場の需給論はすべてイカサマ

ユーロ円についてはドル高が影響しているとかの諸説もあるが、主因は円安に尽きる。円がとにかく安いわけだ。

真ん中のゾーンのいちばん下にある2012年7月24日の94円11銭から上げた18度チャンネルが今期には159円66銭が限度となっている。8月31日には159円82銭までやって、右記の強力レジスタンス159円65銭に跳ね返された。レベルはすでに満足したが、いつから本格的円高が始まるのか。

2007年7月23日のダブルトップ169円05銭からの162単位16・2年は2023年10月5日が正中点である。いつこの相場の急落が始まってもおかしくない。

以上のとおり、円安をやりすぎたのは2022年10月で、今回はその〝二番煎じ〟の円安がやってきているが、その要因は米国の金利であることと、日本が何もやらなかったことというのが一般的なナラティブだろう。相場に要因はない。ただそのように動くように宇宙に指示されているだけのことである。人為を非難してもしょうがない。相場は神意である。

筆者自身は需給をまったく信用していない。米国の債券の発券が増えるから、金利が上がるというのはウソに決まっているわけだ。それはナラティブのひとつであって、まったく意味がない。

債券を買う人が多いから、あるいは、債券を買う人が少なくなったからといって、債券相場が決まるのではない。あくまでも金利水準なのだ。

したがって、「需給がどうのこうの」という議論は全部イカサマなので、読者諸氏はくれぐれも信用されぬようにと申し上げておきたい。

ところが、実際にマーケットに携わる人たちの多くは需給の議論がけっこう好きなのである。念押ししておくが、こんなことで売る人が増えるとか、こんなことで買う人が増えるとか、そんな要素でマーケットが動くわけではない。

ユーロ円は上げすぎている。だから今後は下がる

2011年に上梓した『デフレの終わり』（日本実業出版社）のなかで、筆者は利上げが国債大暴落を招くと主張する日本の政府関係者を一蹴している。その論旨は以下のとおりである。

読者諸氏も知ってのとおり、日本は世界一の家計部門を擁しているからだ。家計部門の貯蓄が2000兆円以上もある。だから、ごく単純に考えても、政府に1200兆円の負債があっても、それに倍する民間の貯蓄があるわけだ。

このところ日本政府の財政問題を資産と負債を挙げてバランスシートでみるべきだと主張する識者が目立って増えているが、まったくそのとおりである。

国の経営も企業の経営も同じで、どちらも資産と負債を抱えながら日々運営をしているのだから、当然の主張といえる。

仮に明日から日銀が金利を上げるとしよう。するとどうなるのか？

言うまでもなく、家計部門の貯蓄2000兆円が拡大再生産し始めるわけである。2000兆円に金利が付く。2％なら1年で40兆円となり、それを複利で回すならば、あっという間に100兆円くらい家計部門は潤沢になってしまう。

したがって、日本政府が金利を上げると、国家財政が駄目になるという話は全部打ち消されてしまうわけである。金利は上げたほうが絶対にいい。

たとえば、ユーロはもう金利をだいぶ上げている。ユーロもマイナス金利だったが、ドイツ国債などはインフレのために4％程度まで金利が上昇している。ただドイツの金利がここからどんどん上がるかというと、その可能性はあまり考えられない。

ところが、日本はずっとゼロ金利を続けてきたことから、方向としては利上げしかない。だから、金利差で考えても、これから金利が付くことになる円のほうが有利、円高の可能性のほうが断然高い。

これからすぐに日銀がゼロ金利を解除して金利を付けるかというと、もう数カ月を要するかもしれない。

だからと言って、いまからどんどん円安になることもない。

大きな流れで見れば、日本のほうが金利を上げて、上げすぎたユーロのほうは下がってくると。これは米国と同じパターンだと思う。そうなった場合には、当然のことながら、ユーロ円は猛烈な円高にならざるを得ない。

豪ドルと新興国通貨

本来の為替ロジックからするとおかしな動きをする豪ドル

豪ドル円の話に移ろう。

豪ドルを投資に組み入れている投資家はけっこういるようだ。要は、豪ドルが金利を上げたり下げたり、あるいはそれらを見送ったりと、けっこうごちゃごちゃと動くのだが、基本的には大した動きではない。

図表5－5のチャートで示したように、2022年9月に98円くらいで、上限を示すラインにぶつかった。

だからあとは、ドル円が下がり始めれば、順調に円高の方向にいく。このようにペンタゴンの一辺のど真ん中に線を引いてわかるのは、79円14銭が、とりあえず止まる地点だろうということだ。

それではその後どこまで下がるのかというと、これが天井からの73四半期、18・25年となる2026年第1四半期ぐらいまで下がる。そのときにはおそらく、79円14銭を試しにきているはずである。

上についてはだいたい2023年6月末に97円37銭。これが上限だから、これから97円少しまで上がる可能性がないとはいえない。

こんな感じで豪ドル円相場のほうはみている。

以下は、かねてから申し上げている自説である。

豪ドルを含めて、金利の高い通貨は、為替レートが安くなるのが常といわれている。「インタレスト・パリティ（金利平衡説）」という概念に則っていうと、金利が高い国の状況は、それだけ物価が上昇しており、相対的にお金の価値は目減りしている。だから、金利の高い国の通貨は安くなる。

逆に、金利が低い国は経済状況がデフレ気味になっており、相対的にお金の価値が高まっている。ということで、金利の低い国の通貨は高くなる。

これがインタレスト・パリティの考え方なのだが、このところの世界各国の金利情勢と為替レートの推移をみていると、そうでもなさそうだ。要は、金利が高いのに買われる通

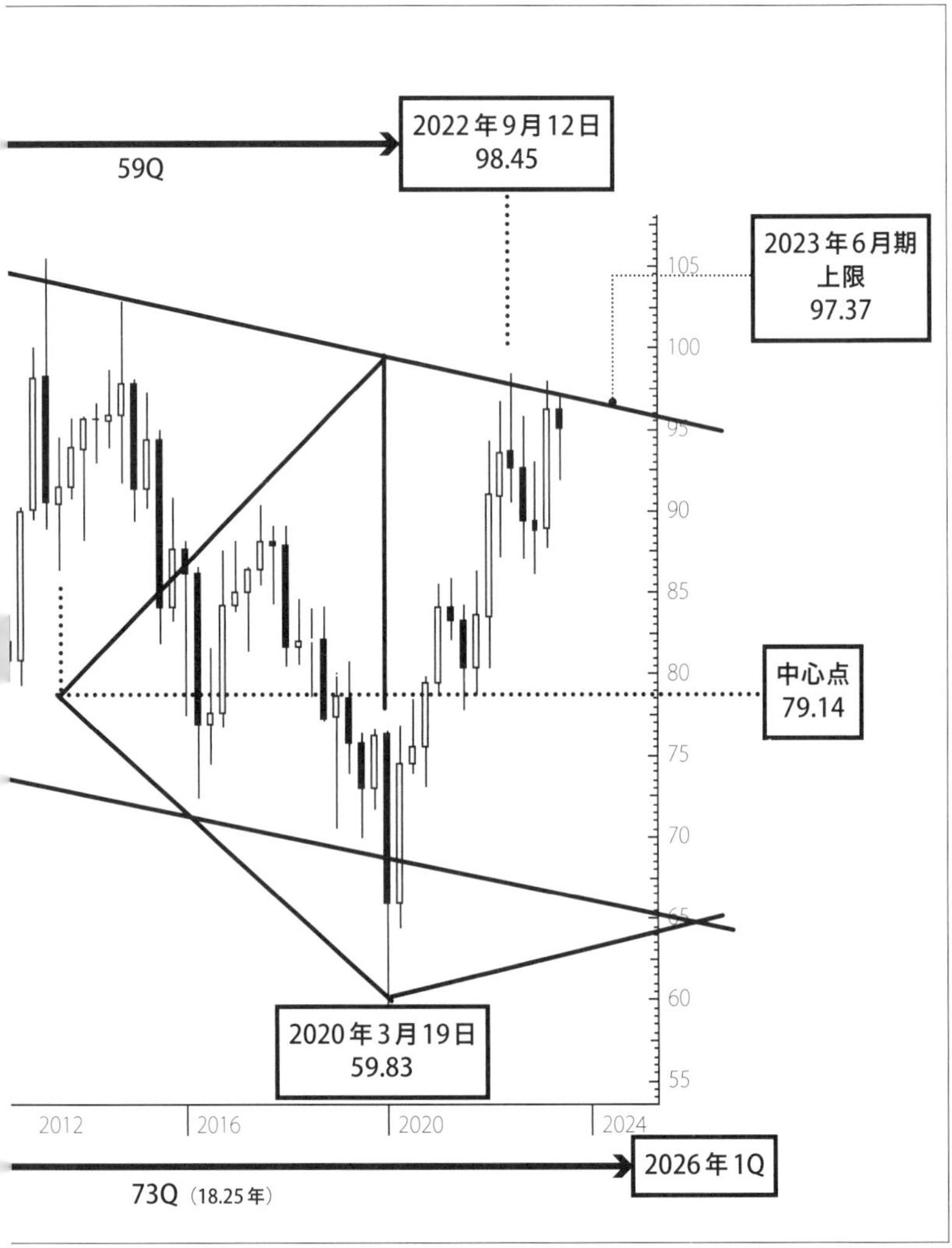
2022年9月12日
98.45
59Q
2023年6月期
上限
97.37
中心点
79.14
2020年3月19日
59.83
105
100
95
90
85
80
75
70
65
60
55
2012
2016
2020
2024
2026年1Q
73Q（18.25年）

図表5-5 ｜ 豪ドル円 四半期足（2023年9月現在）

貨があるのである。豪ドルなどは、その筆頭なのかもしれない。

日本の金利がゼロ％、オーストラリアの金利が４％だとすると、本来なら、豪ドルは安くなるはずだ。円高・豪ドル安が進む。

ところが、２０００年以降の豪ドルの動きを見ると、２０００年に1豪ドル＝50円台を付けてから、２００７年10月の１豪ドル＝１０７円87銭まで、ほぼ一直線に豪ドル高が進んだ。その後、リーマン・ショックなどによって大幅な調整は行なわれたものの、しばらくすると再び豪ドル高が進んだ。このような動きは、本来の為替ロジックからすると、かなりおかしい。

このように、買う通貨の金利が売る通貨の金利よりも高いことを「ポジティブ・キャリー」と呼ぶ。逆に、売る通貨の金利が買う通貨の金利に比べて高いことを「ネガティブ・キャリー」と呼ぶ。

為替のファンダメンタルズからいうと、ポジティブ・キャリーはファンダメンタルズに反した取引をしていることになる。

したがって、こうした状態を長く続けていた場合、どこかでファンダメンタルズの逆襲を受ける恐れが生じる。つまり、金利である程度の利益が得られたとしても、豪ドルが大きく下落して、金利で稼いだ分を帳消しにしてしまう恐れが高まってくるわけである。とはいうものの一般投資家は圧倒的にポジティブ・キャリー狙いである。毎日金利が入ってくるわけだから。実際金利を取りにいくほうが為替を取りにいくより圧倒的に効率がいいのである。

したがって、世の中が激変しなければ、ポジティブ・キャリーが正解。10年に一度、大きな揺さぶりがあったときに、損切ることができれば、あとの時間帯は金利差をエンジョイすればよい。トルコのような滅茶苦茶な奴は論外だが。

マイナー通貨への投資が抱える問題

豪ドルは、日本に比べて金利水準が高いことから、FXのみならず外貨預金でも人気の高い通貨だ。その豪ドルの今後の動静に興味を持っている方も多いであろう。

非常に長いタームで豪ドル／円のレート推移をみると、1974年には1豪ドル＝451円という水準があった。まさにポジティブ・キャリーだったが、本来の為替のロジックが働き451円から55円まで相場が暴落したため、大きな損害を被った投資家が多かった。

その後、豪ドル安・円高が続いて、2000年に1豪ドル＝55円台、さらに2008年には1豪ドル＝55円11銭を付けた。1豪ドル＝50円台の水準を二度にわたって付けたことによって、豪ドルの下値はほぼ固められた。

ポジティブ・キャリーという点においては、新興国通貨投資もその一つと言っていい。ブラジル・レアル、トルコ・リラ、南ア・ランドなどが投資家の関心を集めてきた。一時期、レアルなどはかなりの人気を誇っていた。むろん、日本に比べてはるかに金利水準が高いことがその理由である。

ただし、こうしたマイナー通貨への投資は、十分な注意が必要だ。なぜなら、大勢の投資家が同じ船に乗っているからである。そのことへのリスクをもっと認識するべきだろう。

何でもそうだが、買っているものについては、それを売って初めて利益を確定させることができる。

新興国通貨で組まれたファンドを保有した状態で基準価格がいくら上昇したとしても、それはたんなる含み益にすぎない。含み益は、何かの拍子に基準価格が下落したら、一気に目減りしてしまう。

利益が目減りするだけで済めばまだよいが、場合によってはさらに下落が続き、損失を抱え込むことになる恐れもある。

新興国通貨への投資に対するいちばんの問題は、皆が同じ行動をとる可能性が高いことである。もしその国のバブルが崩壊し、一気に通貨安に転じた場合、それまで買っていた投資家が皆、我先に解約売りを出してくる。そうなったら、一気に相場は崩れてしまう。

相場には必ず限度がある。為替も株価も、あるいはゴールド価格も、永遠に上昇を続けることはない。逆に、永遠に下落することもない。

必ず、どこかで逆の動きに転じる。そのとき、無事に逃げ切ることができるのかどうか。投資をする際には、必ずこの点を考えたうえで、判断を下す必要がある。

原油相場

中国の不況が原油相場を動かす

原油について、少しだけ触れておきたい。

これも産油国が団結して一生懸命に減産したりして、価格の高値維持に必死なのだが、ズルズルと下落してきている。

理由は簡単で、世界経済が良くないということに集約される。米国経済のほうはまだ若干は強いとはいえ、シンクロ現象の観点からみるとかなり危ないといえる。

２００７年の10月11日、ＮＹダウが１万４２００ドル、リーマン・ショック前の天井を付けた。同日に中国の上海総合指数も６１２４の天井を付けた。中国は１年後に北京五輪を控えており、株価は急上昇していた。

だが、その後中国の株バブルが破裂、1年後の2008年10月に上海総合指数は1728まで下落した。1年間で71・7％の大暴落をみたのだ。

NYダウも似たようなもので、1万4200ドルだったのが2008年上半期には7000ドルと半値になってしまった。

ここにきて米国株も中国株も、2007年から2008年にかけてのシンクロ現象をなぞるような動きが出てきている。とくに中国株はこれから本当に悪くなると思われる。

1年間で71・7％落ちたときほど悪いかどうかはわからないが、あのときと同じパターンに突入してきた。2023年4月以降、中国の株価はズルズルと落ち始めている。不動産が経済を回す中国のいびつな体質は一向に改善していない。

鬼城と呼ばれる誰も入居者のいないマンションが地方都市にあふれている映像を見ると、いかにもデフレ下という状況に陥っていることがわかる。

そうこうしているうちに8月17日、長らく実質経営破綻を指摘されてきた中国第2のデベロッパーである恒大集団が、米連邦破産法15条の適用をNY連邦破産裁判所に申請した。同社が7月に発表した2022年末の負債額は2兆4374億元（約49兆円）にも上った。

膨大な在庫物件を抱える不動産最大手の碧桂園も、経営難に陥っているとされる。今回の恒大集団の経営破綻を契機に、一気に中国不動産企業がドミノ倒しとなる懸念が強まってきた。

不況に敏感なコモディティの相場

また8月15日には、中国がどれほど就職難に喘いでいるかが如実にわかるようなニュースが飛び込んできた。前月に発表した若者（16～24歳）の失業率が過去最高の21・3％だったのを受けて、国家統計局は今後、若者の失業率など年齢層別の失業率の公表を停止する旨を発表したのだ。

当局では、停止の理由を「統計をより良くするため」と説明したのだが、これはいかにも身勝手で苦しい言い訳ではないか。

このように米国と中国は不安を抱えながら依然として何とか持ちこたえてはいるが、やがて耐え切れなくなり、この両国の経済が大きく変調をきたしていく。それがここからの大きな流れなのだろう。

したがって、こうした経済環境のなか、もっともまずいところにいるコモディティ相場は原油なのである。原油相場は90ドルまで戻してきた。このレベルは上からみても下からみても長続きしないレベルだろう。

図表5－6のチャートで見ても、上からは天井146ドルからの下げ18度チャネル下限が87ドルにあり、下は2020年4月20日の安値のタイミングから上げた18度チャネルの上限が88ドルにあるからである。

2020年4月20日の安値からの単月45カ月の正中点は2023年10月2日となっており、10月に入れば相場は崩れ始めるだろう。2023年末から2024年初を期して始まる米国大不況からみて、2024年は相場急落の恐れがあるだろう。

やはり世界の実体経済が悪すぎる。米中の経済悪化の先行きと映し鏡のように原油相場はぱっとせず、今後はひたすら落ちるということになろう。

米大統領選の直前の2024年10月、本来なら上昇していく株相場は底に向かって下がり続けていき、原油価格は25ドルあたりまで下落しているに違いない。原油はすべて売りだろう。

ゴールドについては、こののちに章立てにして説明する。

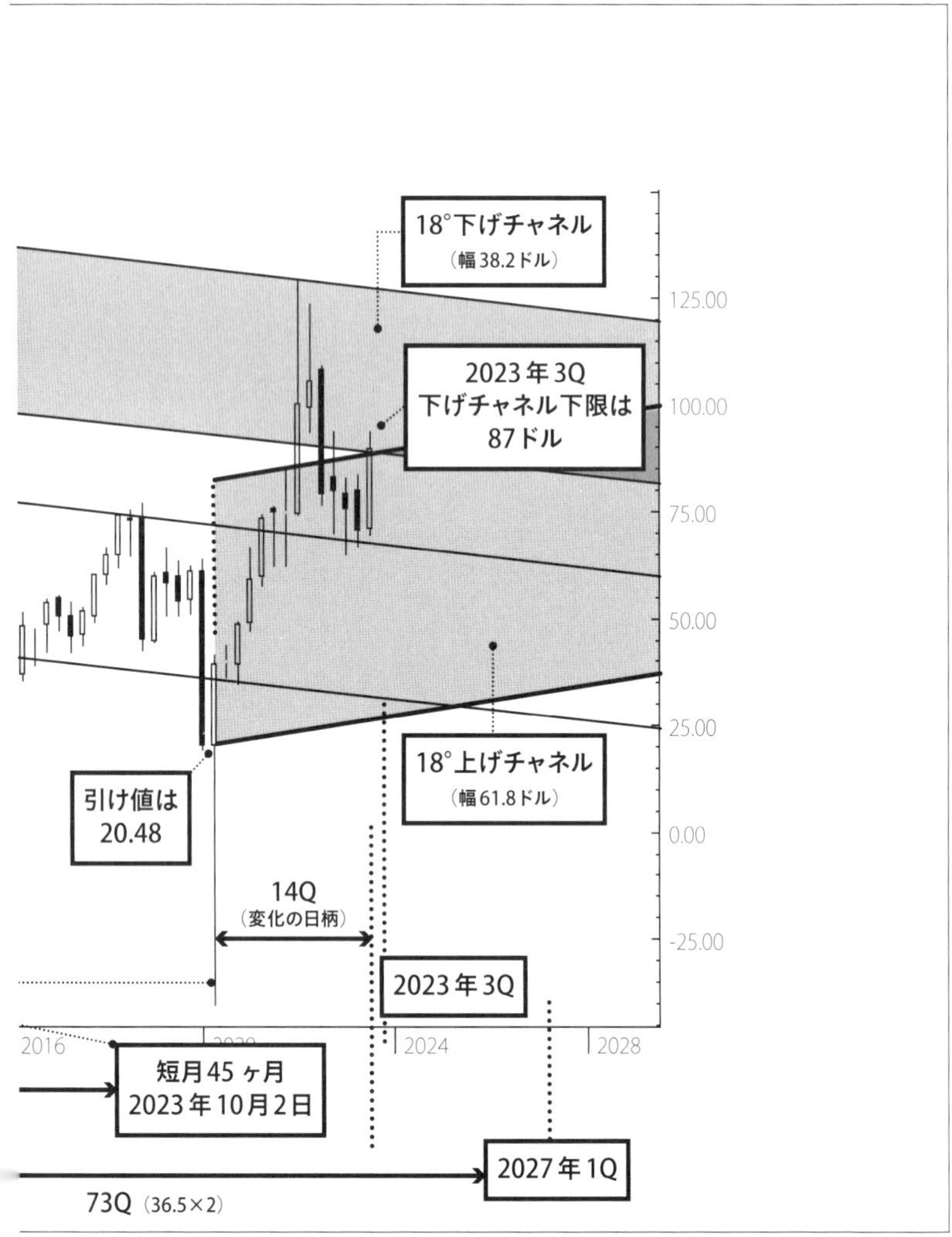
18°下げチャネル
（幅38.2ドル）
2023年3Q
下げチャネル下限は
87ドル
125.00
100.00
75.00
50.00
25.00
0.00
-25.00
引け値は
20.48
18°上げチャネル
（幅61.8ドル）
14Q
（変化の日柄）
2023年3Q
2016
2024
2028
短月45ヶ月
2023年10月2日
2027年1Q
73Q（36.5×2）

図表5-6 | 原油 四半期足（2023年9月現在）

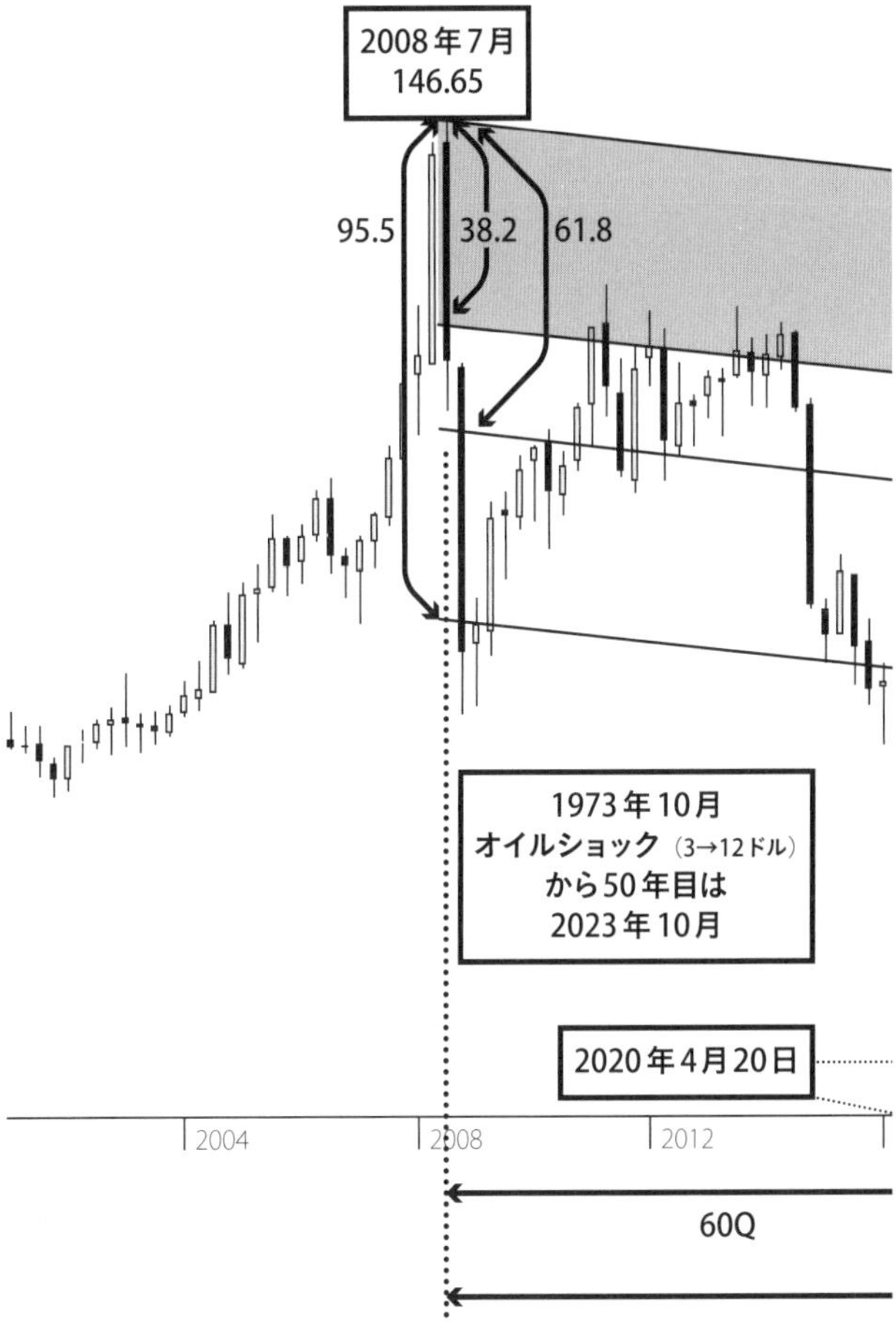

COLUMN

デフレの深化を招いたROE革命

日本企業同士の株の持ち合い、経営と組合のもたれ合い、イコール株主の軽視――、巨大バブル破裂の際には、こうした日本の文化に根差したものがやり玉に挙げられた。たしかに行き過ぎはあったとはいえ、筆者にはこれらがバブル発生と破裂の決定的な要因であったとは思えなかった。

戦後、軍部が否定されることだけでは満足せず、国を守ることも放擲してしまうという愚を犯す、日本の悪い癖の再現ではないのか。

当時、大蔵省の分割、省庁の併合、金融ビッグバンなどが新たに実施された。それに軌を一にするがごとく、にわかに企業経営の世界においてもグローバリゼーションが叫ばれた。同時に、企業のステークホルダー（利害関係者）のなかで、比較的等閑視されてきた株主の利益を重視する方向に、世論が導かれた。

そして1990年代初めのバブル破裂後に、日本で株主資本利益率（ROE）革命が起きた。バブルは、資本コストを無視した脇の甘い投資が際限なく膨らんだ結果、限度を超えてついに破裂した、という反省に基づいて、米国の投資基準であるROEを日本でも重視しようという流れができた。

経営者にしてみれば、自社株に投資してもらうためにROEを上げることが要求された。

ROEとは、売上高総利益率、総資産回転率、財務レバレッジを掛け合わせたものだ。財務レバレッジは借金を増やせば上げられる。総資産回転率は工場設備を売却すれば、これも上げられる。しかしながら、これらは経営に悪影響を及ぼす可能性があることから、経営者は残った売上高総利益率を上げることが至上命題となった。

売上高総利益率を上げるにはどうしたらいいのか？

もちろん売上高が増えればいいが、それは簡単にはいかない。売上高が思ったほど増えなくても、売上高というパイの分配の際に、株主の取り分である利益を優先し、取引先企業や従業員の取り分を減らせば、所期の目的すなわち売上高総利益率が上がる。

そしてROEが上がることになる。

こうしたプロセスを通して、ROE革命が従業員の取り分を減少させ、それがデフレの深化を招いたと喝破したのが、有力ストラテジストの北野一氏であった。

当時、北野氏はこう語った。

「株主に配当する利益を資本コストと観念すると、日本経済のように長いあいだデフレの国で、欧米と同じ高いROEを経営者に要求することは無理がある。低速経済にもかかわらず、高資本コストになることにより実質金融引き締めの効果が生じ、低速経済からの脱出がむずかしくなる」

そのとおりであろう。

そして、我々は三十余年にわたるデフレ時代からようやく抜け出した。日本株の勢いは本物で、日経平均株価は本年6月に33年ぶりにバブル期以来の高値を記録した。

呆れるほど長期間にわたる不景気で、日本経済には景気上昇へのエネルギーが溜まりに溜まっている。これから20年や30年は大丈夫であろう。

日本とは逆に、世界の先進国はデフレに呻吟する未曾有の四半世紀を経験する運命にある。

わが日本が相対的に好調な経済を持続するようになると、世界中で〝日本的なるもの〟に対する見直しが強烈になされると考えている。

昨今、世界の先進国の人たちにとり、まったく信じられない光景が、わが日本で繰り広げられている。

「どうしたら労働者の給与を上げられるか」という議論を日本政府、経済団体、労働者代表が合議していることが報じられ、不思議がられているのだ。

グローバル・スタンダードとして奉ってきた世界の基準が、ひと足先にデフレの世界から這い出た日本の流儀、人に優しいジャパン・スタンダードに移行するのであろう。

第6章

ゴールド恐るべし

THE ULTIMATE PREDICTION

ゴールド相場が成立した背景

米国に金兌換を要求してきた仏ド・ゴール大統領

ゴールドとはいったい何物なのか？
ゴールドは1934年の1月に決められた1トロイオンス35ドルから1968年の二重価格制導入までのあいだ、ブレトン・ウッズ体制の柱石であった。しかしながら、どちらかといえば世界通貨ドルの価値の裏付けとして、マイナーな位置を占めるにすぎなかった。ドルが圧倒的にメジャーな存在であったのに対し、ゴールドは舞台裏の黒子としての存在に甘んじてきた。

1960年代後半に入り、米国はベトナム戦争や財政の肥大化でインフレに晒されるようになった。金兌換を保証していたブレトン・ウッズ体制のなかで、米国に対しドルの金兌換を要求する国が出始めた。その急先鋒がフランスであった。

その当時、米国の通貨であるドルはゴールドに対して、実質的にインフレ分だけ減価したのだから、金兌換を要求するのは、経済合理性からすれば、当然の行為といっていい。にもかかわらず、各国は米国の機嫌を損ねるのを恐れていた。

しかし、フランスは誇り高きド・ゴール大統領の時代であった。米国に気後れすることなく、まっとうに経済合理性を追求してきた。

他主要国もフランスに倣って徐々に金交換を要求するようになり、その結果、米国の金準備高は漸減、100億ドルを切りそうになった。この金準備高100億ドルという水準は、米国がずっと意識し続けていた水準でもあった。

なぜなら、仮に再び大戦争が起きる場合、外国から武器その他の物資を購入するためにはゴールドが不可欠とする認識に基づき、100億ドルはそのデッドラインであったからだ。

実際に先の第二次世界大戦において、欧州の同盟国は米国からの武器、物資の購入に多額の金準備を費やした。

それにより、世界の金準備の大半が米国に集中した。それがブレトン・ウッズ体制の基礎となっていたわけである。

すべての主要通貨を紙切れにしたニクソン・ショック

前述のとおり、当時の安全保障上の見地からすると、米国は最低100億ドル分の金準備の確保を迫られていた。

徐々にデッドラインに近づくなか、ニクソン政権は安全保障面を優先、ドルの金兌換停止に踏み切った。これがいわゆるニクソン・ショックである。

1971年8月15日のニクソン・ショックを境に、ドルは正式にただの紙切れと化した。同時にドルのみならず、ブレトン・ウッズ体制の金・為替制度で間接的にゴールドの裏付けを有していたマルク、円、ポンドといった主要通貨も、結果的にただの紙切れとなった。

逆に述べれば、絶対価値を有するゴールドとの連動性をドルが失効したことで、ゴールドは自らの価値を変動させる自由を獲得したわけである。

ただし、約3年半遡った1968年3月、ゴールドは実質的な二重価格制となっていた。1オンス35ドルの公定価格の維持が甚だ困難となってしまったため、公定価格を維持したまま、民間市場では公定価格から切り離しての取り引きがなされたのだ。

そうした経緯ののち、1974年からゴールド価格の本格的変動が始まった。同年3月には従来の現物取引に加えて、NY商品先物取引所（COMEX）にゴールドが上場された。さらに同年12月には、米国民に投資用資産としてのゴールド保有が解禁された。

年配の読者諸氏には記憶があるかもしれないが、この当時の世界はオイルショックに伴うインフレ圧力に晒されていた関係で、〝ゴールド価格は1972〜1978年のあいだ、100ドルから180ドルの水準で推移した。

そして、1978年後半に200ドルをクリアしたゴールド価格は急騰を見せた。1980年1月に875ドルの高値を付けたゴールドは反落に転じた。この高値は、その後2008年まで更新されることはなかった。

筆者に言わせれば、この高値は、インフレ対策用コモディティとしてのゴールドがピークを極めたときであった。

ゴールドの死から復活への道のり

次にゴールドを待ち受けていたのは20年にわたる、長すぎる低迷だった。〝ゴールドの死〟である。

1980～2000年の米国は資産インフレを謳歌する時代を迎えた。資産インフレは、カネがカネの再生産を活発化させ、米国の株価はこの20年間で14倍にも膨らんだ。

投資の時代にはカネは必要だが、ゴールドは不要となってしまう。ゴールドそのものは投資の時代において、最悪の投資対象なのは言わずもがな。金利も配当も生まないからに他ならない。

確かにゴールドを担保にして株を購入するという担保価値はあるのかもしれない。だが、それはゴールドの現物を持っていればのこと。圧倒的に価格影響力が大きい先物の世界においては、ほとんど体をなさない。

以上のような理由から、ゴールドは1980年1月に付けた天井以降、完全にマーケットから無視され続けた。宝飾需要、工業用途を頼りに長らくの休眠期間を強いられることになった。

ゴールドが底を打つタイミングは、米国におけるITバブルの崩壊への流れと軌を一にしていた。

最初のゴールドのボトムは1999年8月の252ドルであった。その後、2000年3月からITバブルの破裂が勢いづく。続けてゴールドは2001年2月に255ドルのダブルボトムを打った。

この現象は何を意味していたのか？　筆者は講演や記述などでこう申し上げた。カネによるカネの再生産が止まった。そして、そのときこそがゴールドの最高の出番であるのだと。

言葉を換えるならば、カネの再生産が止まれば世の中はデフレとなるわけで、そうなるとキャッシュ頼みの世界が展開される。日本が経験したとおり、デフレになると株式投資が底冷えとなるのは自明の理といえよう。

デフレの時代には投資などはもってのほかで、キャッシュを保持しているだけで、実質値上がり益を獲得できるからである。

つまり、非投資がデフレ時代の極意とされる。

そのキャッシュ保持の究極の形がゴールドなのだ。大仰でなく、ゴールドとはデフレ時代のスーパー・キャッシュである。

デフレ時代にはキャッシュ頼み、キャッシュが王様と記してしまったが、現実問題として、そのキャッシュの発行元である国家・中央銀行に対する信用リスクは皆無とは言い難い。

たとえば、リーマン・ショック後にＦＲＢのＱＥ（量的緩和政策）により行なわれた膨大なドルの印刷、あわやデフォルトかと思われたユーロ危機、日銀の野放図な円印刷によるバランスシートの膨張などを振り返ってみると、キャッシュが強いとはいっても、万全ではない。

その点、ゴールドには発行元の信用リスクは一切ない。

本質に根差した評価がなされるゴールド

ゴールド相場が頭をもたげてきたのはITバブル破裂後の2000年あたりだった。これは資本の再生産の時代がストップし、非投資の時代が接近してくる前触れであった。

ただし、その後の米国の株式市場はデフレ時代の到来に抵抗し続けた。いわゆるメガホン・パターンという縁起の悪い形の上昇を見せ、カネによるカネの再生産を促してきた。そうした状態に警告を発するかのように、ゴールド価格も2005年10月には500ドルを超えた。

その後、上昇を続けたゴールド価格は2008年のリーマン・ショック時にはいったん681ドルの安値をみたが、2011年9月に1920ドルまで急騰、その後、2015年12月1045ドルまで急落となった。

ここまでに述べてきたことをまとめてみると次のようになる。

19世紀から20世紀前半まで金本位制に縛られてきたゴールドは、ニクソン・ショックでそのくびきを解かれ、自由な動きが可能となった。

最初の動きはインフレに対するコモディティとしてのゴールド価格の暴騰であった。

これはわかりやすいが、少し嘘っぽい。

所詮コモディティといっても、ドルの弱体化に伴う商品相場の高騰と辻褄を合わせただけの話であって、事の本質を捉えていないような気がするからだ。

そしていま、ゴールドが本当の意味で自由に動けるようになって初めての非投資の時代を経て、投資（インフレ）の時代を迎えようとしている。

これからのゴールド相場の動きは、従来のささやかなコモディティとしてのものでなく、ゴールドの本質に根差したスケールを具現するはずである。

ドルが増えた分、ゴールドの価値は上がっている

資産インフレ時代には暴落していたゴールド

非投資の時代のゴールドは、カネで増やすものではなく、価値が自然に増えるもので、本物のカネに回帰するという流れである。言い換えれば、ゴールドの本質的価値への回帰だろうか。

現在、地球上に存在する金の採掘済み総量は約19万トン。これは国際基準プール約4杯分でしかない。現在、ゴールドは年間約3000トン前後のペースで産出されており、その他、市場からの回収などによって供給される量と合わせて年間約4500トン前後で世界の需要がまかなわれているという。

そのうちの3分の2にあたる12万トン余りが宝飾用として個人や企業、公共機関等に蓄

蔵されている。残る約7万トンのうちの半分は中央銀行、国際協調金融機関などの金準備。約2万トンは民間投資、約1万トンが工業用、歯科用原材料といわれる。

だが、地球に埋蔵されているゴールドは約5万4000トン程度とされる。しかも、その大部分は採掘が困難な場所にあり、近い将来は、地上にある在庫を再利用する以外に手段がなくなるといわれている（田中貴金属HPより）。

そうした環境下、約3000トンペースでの毎年のゴールドの採掘量が、大きく需給関係を崩すとは考えにくい。

したがって、ゴールドの本質的価値はほぼ不変といえよう。

ところが、紙切れのドルで表すゴールドの表面的な価格は変動する。当然だろう。1934年1月に1オンス35ドルに決められたときのドルの総量（マネーサプライ量）といまのドルの総量はまったく異なるからである。

だから、本質的価値が変わらないとすれば当然、ゴールドの名目価格をドルで表示しようとすると、ドルの量が増えた分だけ評価替えをする必要が生じる。これが本質的価値への回帰現象といえる。

この回帰現象はカネによる再生産が盛んなときには起こらない。

1980年から2000年までの投資全盛時代（資産インフレ時代）にはゴールドの名目価

格は表面的には弱含み、横ばいで終始した。

けれども、その間もマネーの総量は猛烈な勢いで増えている。ということは、ドルの総量との比較でみるゴールドの実質価格は、この投資全盛時代には暴落していたのだった。

したがって、この資産インフレが終わり、資産インフレの総決算をするデフレの時代に入ると、いままで暴落していたゴールドの実質価格が、決算による評価替えで、本来あるべき水準に回帰することになる。

デフレになるとゴールドは暴騰する

ゴールドの解説書などを読むと、インフレ時のゴールドの効用についてはわかりやすく説明されているが、デフレのときは、どうもゴールドの本質を捉えた議論ができていないように思われる。

たとえば、デフレでも、ゴールドは下がるとは限らない、といった中途半端な説明がなされているのである。

これはとんでもない話で、デフレのときにはゴールドは暴騰する。

ただし、ゴールドは相場であるから、相場の属性である日柄、あるいは天井、底というものがゴールドの本質とは離れたところで示現する。つまり、ゴールドの本質と、相場の本質との相克が、ときに人々の見方を曇らせるわけである。

前記チャートで見たごとく、恐ろしいほど黄金分割との親和性が高い。したがって、ゴールド相場の解析には黄金分割の手法が最適であると確信する次第である。

ゴールドに対しては、中国やインドがゴールドを買うとか買わないとかいった雑音に一切耳を貸さず、ひたすらその価値を信じることが肝要だ。

実質価値への回帰現象であるから、誰かがそうするのではなく、勝手にそうなるのである。

最低でも3800ドルには上昇する

そして、ここからは今後のゴールド相場について申し上げる。**図表6-1**のチャートを見ていただきたい。

もう少し早くレジスタンスの1950ドル（1オンス）を抜け出してくると思っていたが、この1950ドルがなかなか重要なのである。これまでもゴールド価格は実体で1950ドルを超えたことはない。図表でA、B、Cはみなヒゲで1950ドルを超えたとはいえ、

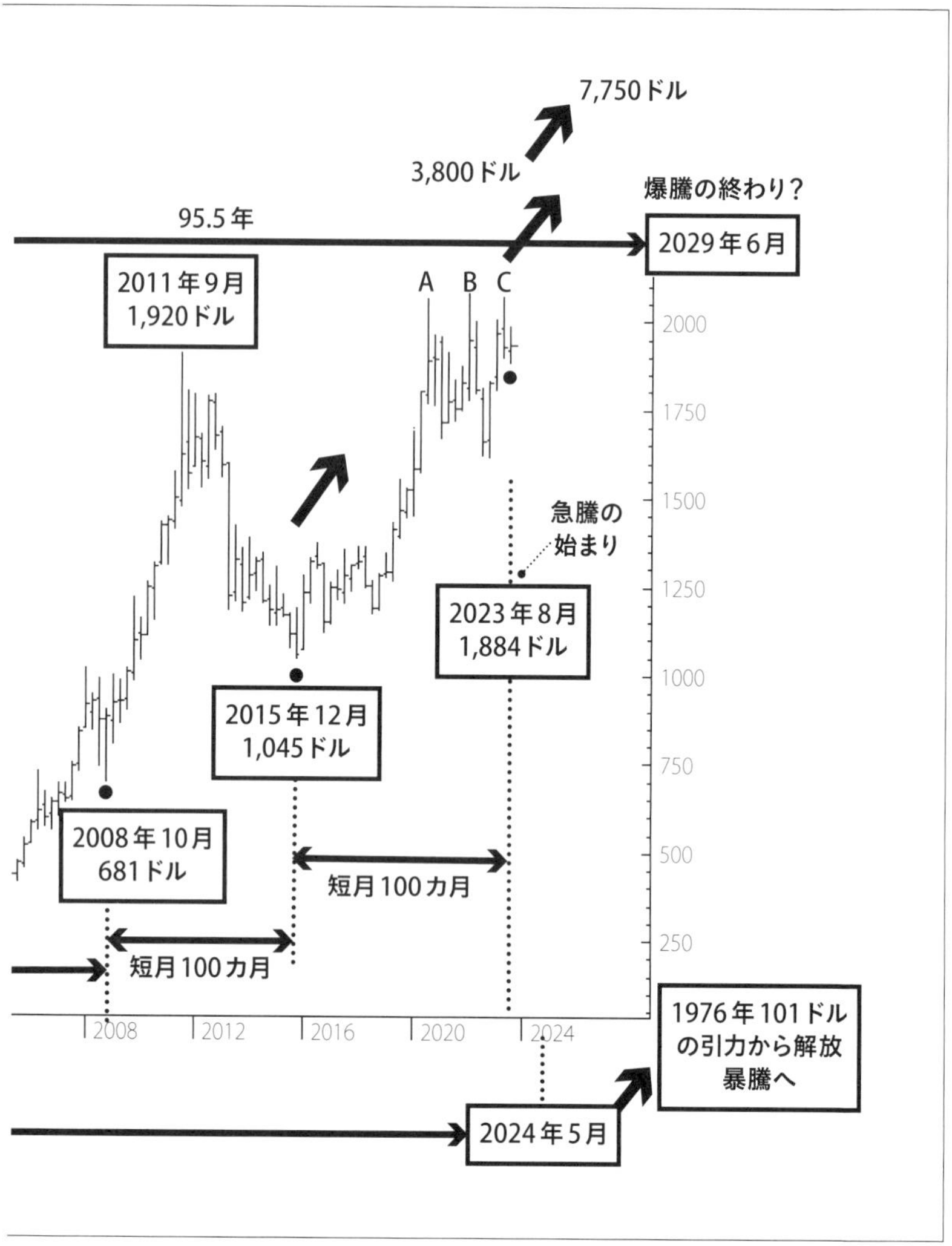
7,750ドル
3,800ドル
爆騰の終わり?
95.5年
2029年6月
2011年9月
1,920ドル
A B C
2000
1750
1500
急騰の
始まり
1250
2023年8月
1,884ドル
1000
2015年12月
1,045ドル
750
2008年10月
681ドル
500
短月100カ月
250
短月100カ月
2008
2012
2016
2020
2024
1976年101ドル
の引力から解放
暴騰へ
2024年5月

図表6-1　NYゴールド四半期足（2023年9月現在）

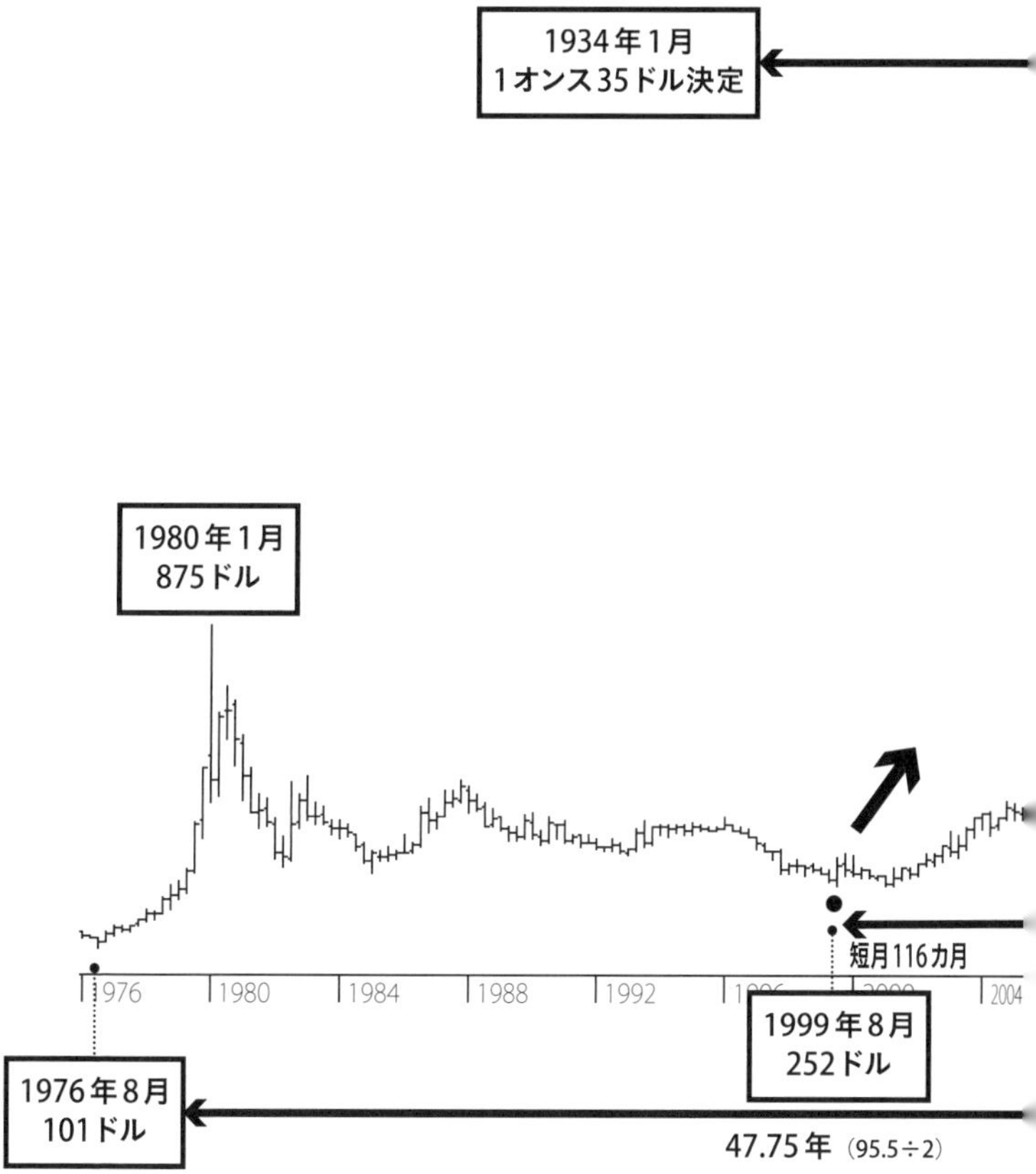

実体で超えてはいない。

1934年に1オンス35ドルで、ドル金固定相場スタート時の値段が決定された。その35に1910（3820÷2）を足すと1945ドル。それが1950ドルのラインということになる。

これまで相場は2000ドル突破をA、B、Cと3回トライしたものの、いずれもドーンと跳ね返された。

2022年9月～11月のときも1600ドルまで下がった。その次も同じように一瞬、2000ドル超えがあったが、そこまでは下落せず、1950ドル前後までしか下がらなかった。

これはひょっとしたら、レジスタンスラインの1950ドルを上に抜けてくるのではないか。日柄がくれば一気に上にいくのではないか。いずれにせよ、時間の問題ではある。

ひとつ注目していただきたいのは、チャートの1999年8月の252ドル。要はゴールドとは25年サイクルで、ここが前回のボトムであった。ここからの95・5四半期は23・875年だから、正中点は2023年7月8日になる。

しかしながら、こんなに長い25年サイクルなので、当然ぶれることが考えられる。

ご覧のとおり、1980年1月に付けた高値はボトム時の8・6倍。2011年9月の高値は7・6倍であった。2022年9月に付けたボトムは1620ドルだった。相場は長く上値抵抗であった1950ドルを超えると、2倍の3800〜3900ドルまでは簡単だろう。次のピーク時の2029〜2030年には控えめにみても倍の3800ドル超。これまでの倍率を踏襲するなら、1万ドルを超える身震いするような相場が待っているかもしれない。

それが現実のものとなるとすると、その要因はドルの大暴落、ゴールドの大暴騰以外にはなかろう。

それよりも何よりも重要なのは米国のマネー再生産がとまることである。

M2の減少が示唆することはデフレ大恐慌の再来であり、スーパー・キャッシュであるゴールドの出番である。とくに2024年5月は1976年8月の101ドルの底値からの47・75年の日柄であり、シンクロの下向きの引力から解放される相場が爆騰を開始するタイミングである。逆に言うと、そのころから米国デフレがはっきりするということだろう。本当の恐慌になれば大相場となるが、3800ドルでは間に合わず、7725単位の7750ドルあたりが目標になるかもしれない。2029年6月、1934年1月の1オンス35ドル決定時からの95・5年目を迎えるタイミングまで爆騰する金相場だろう。

ゴールドが燦然と輝く季節

とにかく、これからの米国経済は大筋においてデフレに転じると考えるべきであろう。米国のインフレの昂進と長期金利の上昇に幻惑され、さらにここからインフレが加速するとみている人が大多数だが、今後の米国の本当の姿はインフレではなくデフレなのである。デフレを大前提にしてマーケットを冷静に見なければならない。

そのためには、米国の過去54年間の金融政策をいま一度、考えてみるのが肝要だ。つまり、この54年間で米国の金融政策の何が悪かったのかを導き出すことに他ならない。

それはやはり、ドルがゴールドから離れたことである。かつてはドルの価値の裏付けにゴールドがあったのが、そこから離れてどんどんドルを刷るようになり、米国経済はインフレ的、ディスインフレ的になった。

したがって、米国経済がこれまでの54年間の総決算に向かうとしたら、それは自然とデフレ的なものになると思う。つまり株価には下げ圧力がかかってくる。また、株価から離れたところでは、ゴールドの価値が上がるのは確実であろう。

これまでの54年間が、ゴールドから切り離された金融政策、ドル政策だったから、これからは逆にゴールドに裏打ちされた金融政策、ドル政策へと転換していく可能性が高い。そうなったとき、ゴールドの持つ価値はさらに大きく上昇していくのだろう。

これからは日本がインフレ基調で好況になっていくなか、米国の株式市場のマネーは蒸発、ようやく米国の実体経済と釣り合ったところまで、相場は墜落していく。その度合いについてはすでに述べた。

そこまで墜落していくときに、米国の賢者は何を考えるのであろうか？　この考察については、かつても開陳したが、あらためて申し上げておきたい。

米国が二度と同じ間違いをしないために、もう二度と人為でマネーを野放図に膨らませるような真似ができないようにするために、選択肢として浮上してくるのは、やはり、金本位制しかない。

当然ながら、かつてのように多量のゴールドを蓄えてその倍数でマネーサプライを決めるわけにはいかない。

ゴールドが元になってそこにレバレッジをかけてマネーができるシステムを構築しなければならない。とにかくマネーサプライのベースはゴールド。かつての金本位制のときのようにゴールドの分しかマネーサプライは出せないということではなく、ここに相当なレバレッジをかけるのである。

これがジェームズ・リカーズの『ドル消滅』（朝日新聞出版）の内容なのだが、そうなったときにはどういう事態が想定されるのか？　曲がりなりにも金本位制の復活となれば、まず、ゴールド価格がこれまでにない高みに上昇するのは確実であろう。

こういうご時勢だから、関係者が金本位制に戻るとちょっと口をすべらせたり、公式の国際会議などで取り上げられたりして、それなりのクレディブルな背景があれば、ゴールドは必ず暴騰する。

前述したように1万ドル、2万ドルになりかねない。

ゴールド、恐るべし、である。

COLUMN

異例の見切り発車だった黒田異次元緩和

2023年7月31日、日本銀行が異次元緩和を開始した2013年上期の金融政策決定会合の議事録を公開した。

明らかになったのは、同年3月に新総裁となった黒田東彦氏が同会合の議長を務める前に他の出席者に対して、「従来までとは異次元の金融緩和を打つ必要がある」「できることはすべてやる。戦力の逐次投入ということはしない」と宣言、実質的な根回しをしていたことである。

通常、議長となる総裁は審議員メンバーの意見を事前に聴取、自らの意見をミックスして同会合に臨むのだが、最初から結論ありきの会合を、黒田新総裁は取り仕切ったことになる。こうした黒田氏のやり方は異例中の異例であった。

この背景には、前総裁の白川方明氏が、日銀に国債を大量購入させるなど、政府の過度な金融緩和の危険性を指摘、それがゆくゆくは日銀の独立性を揺るがせると危機感を訴えていたことがある。

以下は、白川、黒田両氏の金融政策決定会合における発言のまとめである。

●白川方明氏

２０１３年１月

すでに強力な金融緩和は行なわれている。２％の物価目標をできるだけ早期に実現することを目指す。

２０１３年３月

政府の財政政策に金融政策が左右されるのは非常に危険。やるべきことはしっかりやっていくというメッセージを発信し、信頼を得ていくことが課題。

●黒田東彦氏

質・量ともに従来とは次元の違う金融緩和を行なわなければならない。できることはすべてやる。わかりやすく情報発信することで、市場や経済主体の期待を転換させる必要がある。２％の物価目標実現までの期間は２年程度を念頭に置いている。

（２０１３年7月31日付「中日新聞」などを参考にまとめ）

ここで翌8月１日の各紙の論説をあたってみると、会合に参加した日銀審議委員の発言が掲載されていた。紹介しよう。

●白井さゆり審議委員

２％の物価目標の早期実現に対しゆるぎない意思を明確に示すことが重要だった。

●石田浩二審議委員

デフレ脱却のため、一段と強力な政策を採用すべきである。

以上のように、異次元緩和の導入にもろ手を挙げて賛同したメンバーがいた。他方、異を唱えるメンバーもいたことが議事録に記されていた。

◉佐藤健裕審議委員

政策効果に重大な誤解がある。ギャンブル性の強い政策となることは覚悟すべきだ。

◉木内登英審議委員

2年程度という期限を設定することについて、私自身は慎重というか反対である。

（2013年8月1日付「日本経済新聞」などを参考にまとめ）

その時点で生じていたいちばんの疑問が、各紙に記されていた。

それは黒田総裁が主張した異次元緩和の具体的戦略、マネタリーベース（資金供給量）を2倍に増やすとなぜ物価上昇率が2倍になるのか、なぜその期限は2年なのか。その明確な根拠が議事録に示されていなかったことである。

さらに、異次元緩和の出口に関する議論もなされておらず不十分、まったく論理性に乏しい主張だったことが浮き彫りとなっている。そのため各紙は「見切り発車」との評価を与えていた。

結局、黒田氏が世界に向けて発した異次元緩和とは、言い方には難があるかもしれないが、実にはったりじみたものであった。

第7章

相場は黄金分割で決められている

THE ULTIMATE PREDICTION

日柄分析なしの価格分析は無意味

筆者は30年以上前から、黄金分割と正五角形（ペンタゴン）を用いた手法を相場分析に用いている。

相場をグラフにすると、価格が縦軸（y軸）、時間が横軸（x軸）になる。価格yは時間xの関数とみることができるわけである。この見方にしたがって分析を重ねた結果、相場は波動であり、その波動の周期や振幅（価格変動）を示唆してくれるのは黄金分割以外にないという結論に至った。

多くの人は価格（y）を当てることに集中するあまり、時間すなわち日柄の重要性を見落としがちである。しかし、相場が波動であるなら、日柄の分析なしに価格を予測しようとしても無意味である。

投資において価格が重要なのは当然だが、日柄もまた重要である。

たとえば、ＩＴバブルのときには暴落を予測してＩＴ関連株をショートしたものの、予測よりも相場上昇が続いたために、大損した投資家がいた。

「下がる」という予測は正しくても、「いつ下がる」まで予測しなければ、相場で儲けることはできないのである。そして、その「いつ」を示してくれる唯一の手法が黄金分割なのである。

黄金分割とは、黄金比で長さを分けることで、黄金比とは、長さa＋bの線分が、a：b＝b：（a＋b）となる比のことである（具体的には0・618：1＝1：1・618）。

この比は、いわゆるフィボナッチ数からも導かれる。フィボナッチ数とは、前項と前々項の和から得られる数列で、具体的には、

0、1、1、2、3、5、8、13、21、34、55、89、144、233…

である（最初の二項は0と1）。

この特徴は、前項との比が黄金比に収束することである。第四項以降では、

2、1・5、1・667、1・6、1・625、1・615、1・619、1・618

…

と、急速に黄金比に収束していることがわかる（**図表7－1**）。

図表7-1 | 黄金分割とはGOLDEN RATIO

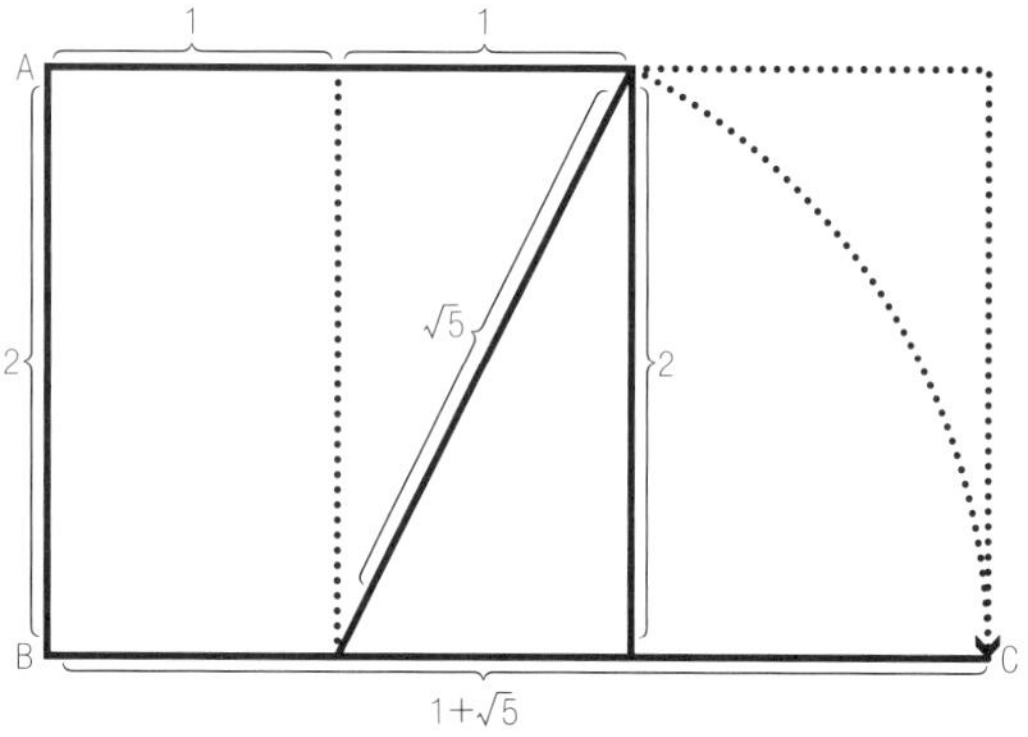

ABとBCの比率が黄金分割（美しい比率）

$$\frac{BC}{AB} = \frac{1+\sqrt{5}}{2} = \frac{1+2.236}{2} = \frac{3.236}{2} = 1.618$$

$1.618 \times 1.618 = 2.618$

$1.618 \div 0.618 = 2.618$

$1.618 \times 0.618 = 1.0$

$2.618 \times 1.618 = 4.236$

$2.618 + 1.618 = 4.236$

⬇

したがって重要数値	62	162	262	424
およびその半分	31	81	31	212

このフィボナッチ数は、植物の葉の付き方など、自然界に数多く出現する。そして、黄金比は人間が最も美しく感じる比でもある。詳しい理由はわからないが、宇宙には黄金比・黄金分割が満ち溢れているということであろう。

黄金分割が与えてくれるいくつかの指針

筆者は相場も宇宙の動きだと思っている。もちろん、それは説明できないが、1年がなぜ365日なのか、地球の自転はなぜ24時間で1回転なのか、月はなぜ28日周期で形を変えるのか、誰も説明できないのも同じである。

相場で起こっていることは観測できても、その根本ルールは誰にもわからない。エコノミストたちはいろいろと勉強しているのだが、未来予測のための方法論を見つけられていない。

だが、根本ルールがわからなくても、けっこう有効なルールではないかと思われるのが黄金分割なのではないか。問題は、黄金分割は複数のことを指し示すので、その複数の指針のどれをとるかというところに分析者の恣意性が入り込み、そこで間違えるわけである。

黄金分割の方法論は正しいが、いくつかの指針を与えてくれるだけで、「これだ」という指針をくれるわけではない。ただ、この3つくらいのうちのどれかだという指針はくれる。選択肢を非常に狭めてくれるわけである。

もっと欲張る人は「ピンポイントでひとつの指針が欲しい」と言うわけだが、そこまでいくともう神様になれということである。

ただ、若い頃には「ほんとに、ひょっとしたら、自分は神様なのかな」と思ったことがあるのも事実である。当たるときには本当に恐ろしいように当たるのである。だが一方で、「ひょっとしたら、自分は神様かもしれないな」と思うと大失敗するわけである。思い上がると、天罰は必ず下るということで、世の中、実にうまくできている。

しかし、基本的に方法論は正しいので、間違えるときもあるが、間違え続けることはあまりない。方法論が間違っていれば外れ続けるわけだが、方法論が合っていればきっと波動で当たるときがくるはずである。当たり・外れも、自分のバイオリズムと相場が合っているかどうかということである。

生き物のように振る舞うインデックスの不思議

この黄金分割という方法論を絶対的にこれしかないと思って信用しているので、当たらないときには「俺の読みが間違っていた」と考える。狭めた選択肢からピックアップしたものが間違っている。そういう間違いがあるときには、必ず何かの思い込みがあるものである。

インデックスが一つの生き物のように振る舞うことも、相場の不思議である。たとえば、ニューヨークダウ工業株30種平均は30銘柄から構成されるが、算出が開始された1928年からいままで残っているのは1社もない。30銘柄すべてが除外され、ニューカマーに入れ替わっている。

誰がどう考えても、30銘柄全部が入れ替わったインデックスが連続的に動くというのはおかしいだろう。しかし違うのである。インデックスそのものが生き物であり、構成される30銘柄などどうでもいいのである。

これは生物学者福岡伸一先生の「動的平衡論」の体現である。

細胞は毎日入れ替わっているが、生命体としては一つのバランスを取って同一性を維持している。一体生命とは何だという考えである。

本当に不思議だが、ニューヨークダウもS&P500も動的平衡を体現しているのである。ブルーチップが30銘柄のうち1つも残っていないというのに、そのチャートがきれいに黄金分割で描けるところが不思議の世界である。

日経平均株価もそれほど大幅ではないが、結構入れ替わっている。わかっていない人は、中身が変わって全然違うものだから、連続性はないはずだと考える。しかし、それは相場を知らない人である。

細胞がすべて入れ替わっても人間は変わらないように、インデックスも動的平衡の不思議を体現しているのである。

ペンタゴンの重要な数字

黄金比の1・618と0・618からは次の数値が算出できる。

1・618×1・618＝2・618
1・618÷0・618＝2・618
1・618×0・618＝1
2・618×1・618＝4・236
2・618＋1・618＝4・236
0・618≒0・62

1・618≒1・62

2・618≒2・62

4・236≒4・24

黄金分割を用いた相場の日柄分析では、この「62、162、262、424」とその半分の「31、81、131、212」を重要な数字として適用している。たとえば、162週、62カ月、262四半期などである。

一辺の長さ1の正五角形の対角線の長さは黄金比の1・618になる。**図表7-2**に示したように、「59、36・5、22・5、14」も相場の日柄のタイミングと価格を示す重要な数字である。

また、ペンタゴンを2つ組み合わせたダブルペンタゴンから導出される「95・5、69、50、31、19」も重要である。

59日、36・5週、31カ月などの日柄が相場の転換を示すタイミングとなる。

相場のトレンドを教えてくれるのが正五角形の対角線である。水平線に対して36度のCEが黄金分割のサポート線になる（マイナー黄金分割）。メジャーなトレンドラインはその半分の18度、2倍の72度のCAは急上昇のスティープなサポートになる。

図表7-2 ｜ ペンタゴン

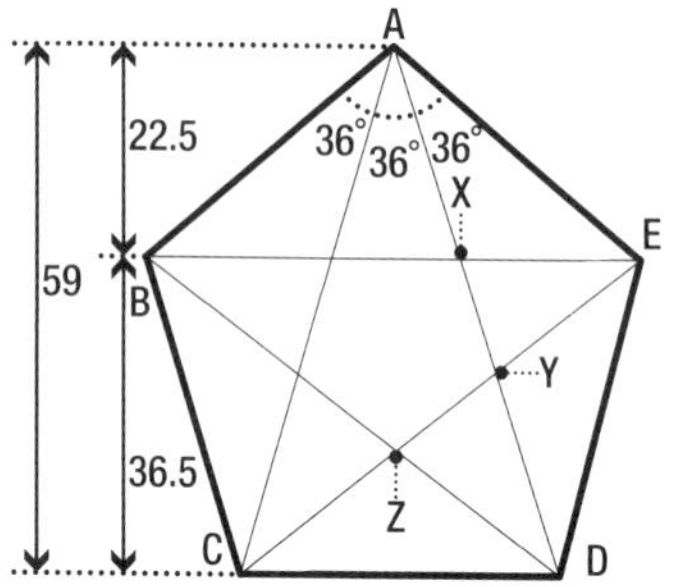

対角線　AC AD BD BE CE ＝ 61.8
一辺　AB BC CD DE EA ＝ 38.2

●値頃
CA：水平線CDから72°で上昇する線（スティープなサポート）
CE：水平線CDから36°Cで上昇する線（マイナー黄金分割）
ACを垂線に置いた場合のCD：水平線と18°の角度を保って上昇する線（メジャー黄金分割トレンドライン）

TIMING		DAYS	W/KS	M/S	
日柄	CDからA	59日	59周	59カ月	その2倍の118
	CD	38日	38週	38カ月	
	X	26日	26週	26カ月	
	Y	31日	31週	31カ月	
	Z	19日	19週	19カ月	

HEIGHT
CからAの高さ（値段）59　2倍の118も重要
CからXの高さ（値段）36.5
CからYの高さ（値段）22.5
CからZの高さ（値段）14

これら18度、36度、72度線を上向き・下向きに伸ばしたものが、相場のトレンドやサポート、あるいはレジスタンスのラインになる。

若林栄四（わかばやし　えいし）
1966年、京都大学法学部卒業。東京銀行（現三菱UFJ銀行）入行。同行シンガポール支店為替課長、本店為替資金部課長、ニューヨーク支店次長を経て、1987年、勧角証券（アメリカ）執行副社長。1996年末退職。現在、米国（ニューヨーク）に在住。日本では外国為替コンサルタント会社である㈱ワカバヤシFXアソシエイツの代表取締役を務める。
歴史観に裏づけされた洞察力から生み出される相場大局観で、国内外の機関投資家、個人投資家に絶大な人気を誇る。『バイデノミクスの深層』『パーフェクト ストーム』『ヘリコプターマネー』『覚醒する大円高』『富の不均衡バブル』『不連続の日本経済』『デフレの終わり』（いずれも日本実業出版社）など著書多数。

ワカバヤシFXアソシエイツ
www.wakafxinfo.com

若林栄四「ニューヨークからの便り」
www.trade-trade.jp/blog/wakabayashi/

The Ultimate Prediction
2028年《ねん》までの黄金《おうごん》の投資戦略《とうしせんりゃく》
「超株高《ちょうかぶだか》かつ超円高《ちょうえんだか》」が示現《じげん》する世界《せかい》

2023年12月10日　初版発行

著　者　若林栄四
発行者　杉本淳一

発行所　株式会社日本実業出版社　東京都新宿区市谷本村町3−29 〒162-0845
編集部　☎03-3268-5651
営業部　☎03-3268-5161　振　替　00170-1-25349
https://www.njg.co.jp/

印刷／壮光舎　　製本／若林製本

ISBN 978-4-534-06065-5　Printed in JAPAN